Heribert Braun

Vom Schnipsel zum Kunstwerk: Collagen

Konzepte – Ideenfundus – Bild-für-Bild-Anleitungen – Differenzierungsangebote

AOL verlag

Hinweis: Der besseren Lesbarkeit halber sprechen wir meist nur von Lehrern, Schülern usw. Natürlich meinen wir damit auch die Lehrerinnen, Schülerinnen usw.

Impressum

Vom Schnipsel zum Kunstwerk: Collagen

Heribert Braun unterrichtet Bildende Kunst, Deutsch und Darstellendes Spiel an einer Integrierten Sekundarschule in Berlin. Schwerpunkt seines Interesses ist das Erzählen – in Texten, mit Bildern oder auf der Bühne. Insbesondere geht es ihm um die Frage, wie man Menschen so packt, dass sie ihre Distanz aufgeben, das Hier und Jetzt vergessen und von der Geschichte ganz vereinnahmt werden. Als Illustrator hat Heribert Braun seit über 14 Jahren an vielen Schulbüchern und anderen Publikationen mitgearbeitet. Seit 2013 sind Theaterstücke erschienen (www.theaterboerse.de), dazu im AOL-Verlag 2014 der Lernzirkel „Erzähltechniken“ mit vielen eigenen Illustrationen.

1. Auflage 2017

Veritaskai 3 · 21079 Hamburg
Fon (040) 32 50 83-060 · Fax (040) 32 50 83-050
info@aol-verlag.de · www.aol-verlag.de

Redaktion: Janina Zielecki
Layout/Satz: Graph & Glyphe, Offenburg
Fotos: Heribert Braun
Beispiele: Martin-Buber-Oberschule in Berlin-Spandau, Mittelstufe

ISBN: 978-3-403-10401-8

Inhaltsverzeichnis

Einleitung

Liebe Kolleginnen und Kollegen,

die Collage ist heute eines der wesentlichsten Verfahren der Bildgestaltung. Sie kann problemlos den gesamten Kunstunterricht eines Lehrers inspirieren. Um das Prinzip Collage zu verstehen, werfen wir zunächst einen kurzen Blick zurück auf die Entstehungszeit.
Ab 1915 geht die Malerei in der Auseinandersetzung mit der Fotografie den Weg in die Abstraktion. Nicht mehr die großen Erzählungen werden illustriert, sondern die Maler erkunden die der Malerei eigenen Gestaltungsmittel. Diese Gestaltungsmittel, wie z. B. die Schraffur, die Plastizität entstehen lässt, oder die Perspektive, die Räumlichkeit darstellt, werden hinterfragt, fragmentiert oder auch ganz aufgelöst. Schnell kommen dabei die Materialien selbst in den Blick. Ein eingeklebter Zeitungsausschnitt stellt die Illusion einer gemalten Bildrealität deutlich infrage und konfrontiert sie mit der Wirklichkeit.

Eine gegenständliche Bildillusion kann aber nicht so ohne Weiteres zerstört werden. Über eine zum Teil unbewusste Symbolik werden komplexe Bedeutungen aufgebaut, die über die reine Abbildung hinausreichen. Die Symbolik der Bildgegenstände schafft Sinnzusammenhänge. Diese werden zerstört, wenn für die Collage die Bildsymbole zerschnitten werden. Sie ist also ein relativ radikales Verfahren der Dekonstruktion und daher auch dann abstrakt, wenn sie in der Fotomontage wieder eine (ironische) Bildillusion entstehen lässt.

Lässt man Schüler nun ohne Anleitung z. B. Bildmaterial aus Zeitschriften collagieren, schneiden sie zunächst ganze Bilder aus und kleben sie nebeneinander oder leicht übereinander. Sie zerstören also keineswegs die symbolische Bildeinheit, sondern kombinieren sie einfach mit anderen Einheiten. Zum Zerstören und Neuorganisieren müssen sie erst hingeführt werden. Dazu dienen die Unterrichtsprojekte im Kapitel 2.1. Hier werden die Bildelemente isoliert, fragmentiert und neu miteinander verschränkt.
Die Unterrichtsprojekte in diesem Bereich können entweder einzeln experimentell durchgeführt werden oder durch ein Projekt aus dem Kapitel 1.1 vorbereitet werden. Dort wird über das Komponieren einer dekorativ-ornamentalen Collage das abstrakte Sehen losgelöst vom Inhalt geübt.

Im Kapitel 1.2 verwenden die Schüler Collagen als Handwerkszeug, um eigene Bilder zu entwickeln. Dabei wird der additiv-assoziative Entwicklungsprozess durch einen konstruktiv-ganzheitlichen ersetzt.
Diese Verfahren werden dann in Kapitel 2.2 mit neuen symbolischen Inhalten verbunden. Es entstehen Bildinszenierungen, die die Bildlogik ad absurdum führen. Diese Unterrichtsprojekte setzen das Gestaltungspotenzial der Collage am komplexesten um.

Eine kritische Auseinandersetzung mit der heutigen Medienflut und dem Wahrheitsgehalt dahinter findet im letzten Unterrichtsprojekt statt. Die Bilderflut, insbesondere im Internet, zeigt Realitäten, deren Wahrheitsgehalt nicht im Mindesten mehr überprüfbar ist. Die Collage macht den Schülern deutlich, dass auch sie in der Lage sind, mit einfachen Mitteln digitale Bilder herzustellen, die einen erstaunlichen, aber auch erstaunlich absurden Wirklichkeitsanspruch haben. Für dieses Unterrichtsprojekt wird eine Bildbearbeitungssoftware benötigt. Hier können Sie z. B. auf die kostenlose Software Gimp zurückgreifen (https://www.gimp.org).

Ich wünsche Ihnen und Ihren Schülern viel Spaß beim Experimentieren!

Heribert Braun

Zum Aufbau des Heftes

Direkte Einsetzbarkeit

Das Heft ist in zwei Teilen aufgebaut. Der Praxisteil, der sich an die Schüler wendet, besteht aus Arbeitsblättern, die für jedes Projekt eine konkrete Schritt-für-Schritt-Anleitung mit Bildern zur Veranschaulichung bieten. So können die Schüler die Unterrichtsprojekte auch selbstständig umsetzen. Fertige Beispiele aus dem Einsatz im eigenen Unterricht zeigen, wie die Ergebnisse aussehen können. Eine Materialliste und eine Angabe zum durchschnittlichen Zeitaufwand runden den direkten Einstieg ab.
Im didaktischen Kommentar für die Lehrkraft werden die besonderen Gestaltungsprinzipien erläutert, die von den Schülern konkret angewendet werden sollen. Auch diese Gestaltungsprinzipien werden anhand vieler Bilder anschaulich gemacht, die als Material zur Vermittlung eingesetzt werden können.

Vielfältige Materialien

Das Bildmaterial aus dem Text finden Sie auch im Zusatzmaterial, sodass Sie den Schülern die Gestaltungsprinzipien sowie die einzelnen Arbeitsschritte in Projektion zeigen können.
Besondere Materialien, wie z. B. die Portfoliovorlage für die Schüler, den dazugehörigen Bewertungsbogen oder Schablonen, finden Sie ebenfalls in der Materialsammlung zum entsprechenden Unterrichtsprojekt im Zusatzmaterial.

Schwerpunkt Bildentwicklung

Schüler haben zum Herstellungsprozess von Bildern eine ziemlich naive Einstellung. Man nimmt ein Blatt Papier, bekommt ein Thema und legt los. Es wird additiv gearbeitet, bis der Bildrand erreicht ist. Das Prinzip Collage setzt hier an, führt aber das Bildermachen durch seine Vorläufigkeit und Veränderbarkeit in einen ganzheitlichen Kompositionsprozess.
Diesem Prinzip kommt auch die Schritt-für-Schritt-Anleitung entgegen. In verschiedenen Entwurfs- und Arbeitsschritten wird das angestrebte Bild in einem ganzheitlichen Prozess entwickelt und erst am Schluss fixiert. So bleiben viele Möglichkeiten für Experiment und Variation.

Differenzierung

Bei jedem Unterrichtsprojekt ist die Jahrgangsstufeneignung ausgewiesen. Zu den Projekten gibt es leichtere und schwierigere Varianten, die für entsprechende Lerngruppen gewählt werden können. Die Varianten im didaktischen Kommentar ermöglichen eine Binnendifferenzierung für leistungsschwächere Schüler, bieten aber auch leistungsstarken Schülern zusätzliche Vertiefungsmöglichkeiten.
Die Bandbreite der Gestaltungsprinzipien im didaktischen Kommentar kann ebenfalls zur Binnendifferenzierung verwendet werden, indem man je nach Lerngruppe bzw. auch in der individuellen Beratung während des Arbeitsprozesses nur solche Gestaltungsprinzipien auswählt, die dem jeweiligen Niveau entsprechen.
Innerhalb der Projekte werden also konkret folgende Vorschläge zur Differenzierung gemacht:

- leichtere bzw. schwierigere Varianten je nach Lerngruppenniveau,
- inhaltlich-praktische Vereinfachungs- oder Vertiefungsvorschläge sowie
- eine differenzierte Sachanalyse für eine lerngruppenspezifische Erarbeitung und eine individuelle Beratung.

1 Collage als MITTEL zum ZWECK

1.1 Kompositionsprinzipien erarbeiten

UNTERRICHTSPROJEKT 1:
Komposition mit Stencil-Buchstaben (Kl. 7–10)

ZEITAUFWAND *2 Doppelstunden*
MATERIAL *DIN-A4-Papier, Schere, Cutter, Bleistift, Buntstifte, Klassensatz der Buchstabenvorlage DIN A3 (Zusatzmaterial)*

Schritt-für-Schritt-Anleitung

1. SCHRITT Schneide aus der DIN-A3-Vorlage sorgfältig die schwarzen Buchstaben aus, lasse dabei die weißen Stege stehen, damit die Buchstaben nicht auseinanderfallen. Drehe vor allem für die runden Buchstaben das Blatt immer wieder so, dass du sie im Handradius gut ausschneiden kannst.

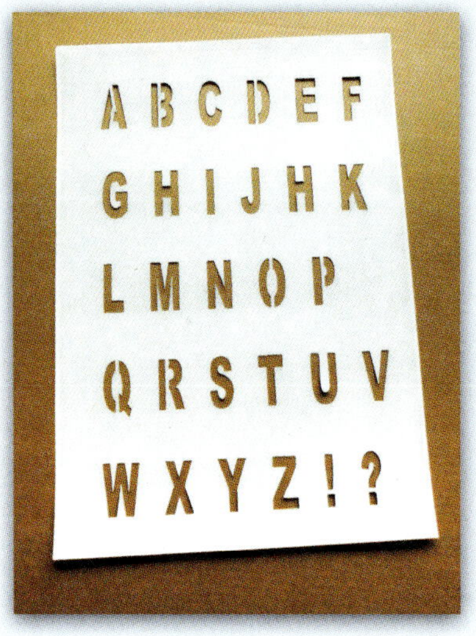

2. SCHRITT Übertrage die Buchstaben mit verschiedenen Buntstiften auf ein DIN-A4-Blatt. Drehe dabei das Blatt. Lege die Schablone immer rechtwinklig auf. Die Buchstaben sollen sich zu einer Textur überlagern und dabei auch über den Blattrand gehen.
Schaffe in deiner Komposition Schwerpunkte, denen offenere Bereiche gegenüberstehen. Vermeide es, einen Schwerpunkt ins Bildzentrum zu setzen.

UNTERRICHTSPROJEKT 2:
Komposition mit selbst gemachten Farbschablonen (Kl. 7–10)

ZEITAUFWAND *2 Doppelstunden*
MATERIAL *weißes DIN-A4-Papier (ca. 200g/m²), Schulfarbkasten, etwas breiterer Borstenpinsel, Schere, Cutter, Kleber, Lineal, Bleistift*

Schritt-für-Schritt-Anleitung

1. SCHRITT Färbe mit einem sauberen Pinsel und Buntfarben aus deinem Farbkasten mindestens drei Papiere gleichmäßig von einer Seite. Jedes Blatt bekommt nur eine Farbe. Die Farben werden unvermischt direkt aus dem Farbkasten genommen. Achte darauf, dass du so trocken wie möglich arbeitest, damit sich das Papier nicht zu stark wellt. Wasche beim Farbwechsel den Pinsel gut aus und wechsele gegebenenfalls auch das Wasser. Färbe zum Schluss ein viertes Blatt schwarz. Verwende dazu, wenn möglich, schwarze Tusche.

2. SCHRITT Zeichne nun auf die weißen Rückseiten der Buntfarbenblätter mit einem Lineal unterschiedliche spitzwinklige Dreiecke auf. Beachte den Groß-klein-Kontrast. Die Dreiecke können auch den Blattrand überschneiden, sodass du direkt vom Rand aus schneiden kannst. Schneide nun die Dreiecke aus. Hebe alle ausgeschnittenen Dreiecke auf.
Wichtig ist, dass du die hellste Farbe (z. B. Gelb) nicht zu stark ausschneidest, da sie sonst nicht genügend Hell-dunkel-Kontrast zur Schwarzschablone und zu den anderen dunkleren Farben aufbauen kann.
Auch das vorderste, schwarze Blatt wird ausgeschnitten. Hier ist es besonders wichtig, dass auch Dreiecke vom Rand ausgeschnitten werden.

3. SCHRITT Die Schablonen kannst du nun in vielfältiger Form kombinieren. Wenn du die hellste Farbe direkt unter die Schwarzschablone legst, baut sie den größten Hell-dunkel-Kontrast auf. Du wirst schnell erkennen, dass es gute und weniger gute Kompositionen gibt.

4. SCHRITT Sollten die Kompositionen noch nicht stimmig sein, kannst du die ausgeschnittenen Dreiecke aufkleben. Die Kompositionsmöglichkeiten sind unbegrenzt.

UNTERRICHTSPROJEKT 3:
Komponieren mit Wellpappe (Kl. 7–10)

ZEITAUFWAND *2 Doppelstunden*
MATERIAL *Wellpappe, Cutter, Schere, Bleistift, ein oder zwei breite Pinsel, Deckweiß, Schulfarbkasten, Leim bzw. Flüssigkleber*

Schritt-für Schritt-Anleitung

1. SCHRITT Schneide dir mit einem Cutter unterschiedliche Platten aus Wellpappe zu, die du auf der Rückseite vorgezeichnet hast, d. h. kleine Stücke, mittlere und große bis maximal DIN-A5. Es können alle einfachen geometrischen Formen verwendet werden (Dreieck, Quadrat/Rechteck, Kreis/Oval). Dickere Wellpappestreifen kannst du als Schneidelineale verwenden.

2. SCHRITT Bearbeite die Wellpappe, indem du auf möglichst unterschiedliche Art die Oberfläche aufreißt, zerschneidest und zerkratzt, dabei Teile stehen lässt bzw. ganz wegnimmst, geometrische Formen mit dem Cutter ausschneidest und darin die Wellenschicht freilegst oder umgekehrt.
In jedem Fall sollte die unterste Pappschicht für das Aufkleben intakt bleiben.

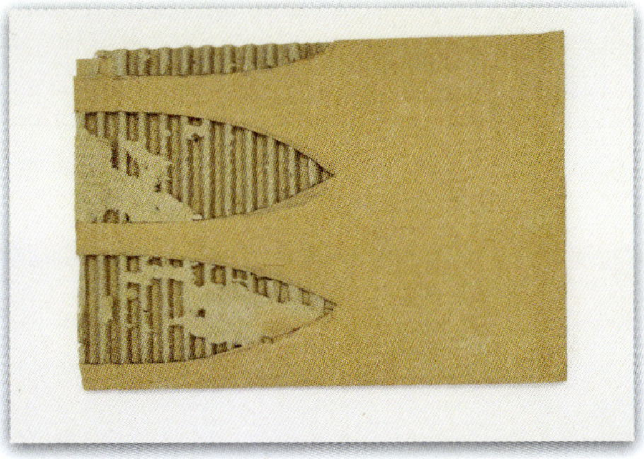

3. SCHRITT Bemale die Platten. Experimentiere dabei nicht zu sehr mit dem Farbauftrag und mit Farbmischungen, da nicht die Farben, sondern die Formen im Vordergrund stehen sollen. Dadurch dass du reine Farben aus dem Farbsortiment des Farbkastens nimmst, bleiben die Farben klar. Eine Grundierung mit Deckweiß lässt Buntfarben noch mehr leuchten. Zu starke Farben kannst du, wenn sie getrocknet sind, wieder mit Deckweiß und Schwarz abdecken. Freigelegte Wellenschichten können in den Wellenvertiefungen andere Farben bekommen als auf den Höhen. Bei allen Übermalungen sollte aber der untere Farbauftrag ganz trocken sein.

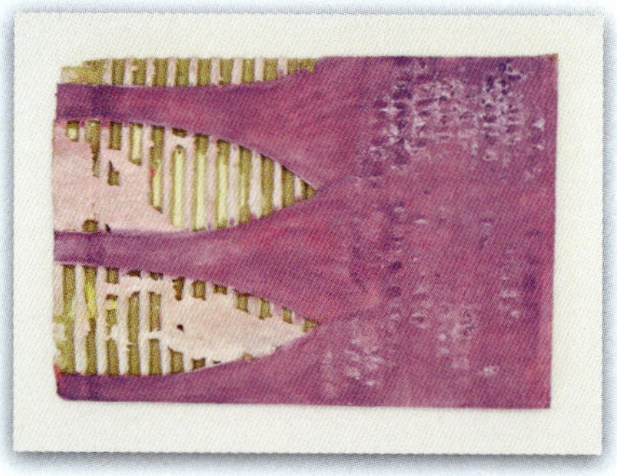

4. SCHRITT Kombiniere die Elemente. Die Komposition soll nicht geschlossen rechteckig, sondern offen asymmetrisch sein. Insgesamt soll sie maximal die Größe eines DIN-A3-Blattes bekommen. Klebe die Elemente erst am Schluss auf.

UNTERRICHTSPROJEKT 1:
Mit Collage Bilder entwickeln – Fremde Planeten (Kl. 7–8)

ZEITAUFWAND *Skizzen: 1 Doppelstunde, Entwurfscollage: 2 Doppelstunden, Reinzeichnung: 4 Doppelstunden*

MATERIAL *Entwurfsvorlage (Zusatzmaterial), DIN-A3-Papier, Schulfarbkasten mit Deckweiß, schwarze Tusche, Pinsel mit Spitze, Borstenpinsel, Schere, Klebestift, schwarzer Buntstift, optional: 60-g-Druckerpapier (DIN A4), ein Klammerhefter, Kopierer*

Schritt-für-Schritt-Anleitung

1. SCHRITT Recherchiere Bildvorlagen zu dem Thema, d. h. Bilder von Planeten, Raumschiffen, Aliens usw. und bringe sie ausgedruckt mit. Klebe sie auf ein Plakat, um sie zur Inspiration im Klassenraum aufzuhängen.

2. SCHRITT Fertige vier Bleistiftskizzen im Format DIN A5 an, d. h., zeichne je zwei Skizzen auf ein DIN-A4-Blatt. Du kannst dazu die Entwurfsvorlage verwenden. Hefte die beiden Skizzenblätter zusammen, damit keines verloren geht.

3. SCHRITT Entscheide dich für eine Skizze und arbeite mit dieser weiter. Zeichne jeden der einzelnen Bildgegenstände der Skizze als dunkle Umrisszeichnung (Konturzeichnung) etwa doppelt so groß auf Zeichenpapier. Achte darauf, dass du die einzelnen Bildgegenstände gut ausschneiden kannst.

4. SCHRITT Schneide die Bildelemente so aus, dass die Kontur nicht beschädigt wird und lege sie auf ein DIN-A3-Trägerblatt. Gestalte die Komposition, indem du die Bildgegenstände verschiebst, falls nötig ergänzt oder durch andere ersetzt. Klebe erst am Schluss die Einzelteile auf.

5. SCHRITT Als Nächstes wird die fertige Collage für die Malerei kopiert. Dafür müssen die Linien der Zeichnungen deutlich zu erkennen sein. Sollten einzelne Linien nicht vollständig und kräftig genug sein, zeichne die Stellen nach.

6. SCHRITT Gestalte deinen kopierten Entwurf mit Farben. Die Aliens und die Planetenbewohner sollen sich deutlich unterscheiden. Verwende dazu einen Komplementärkontrast. Stelle dir eine Lichtquelle von links oben vor. Zur Umsetzung der Lichtverhältnisse kannst du nach dem Trocknen der eigentlichen Farbgestaltung mit einer dunkler abgemischten Farbe den Figuren eine Schattenseite geben. Auf der Lichtseite kannst du mit Deckweiß abmischen und aufhellen. Vermeide Nass-in-Nass-Malen! Fülle das Weltall mit schwarzer Tusche aus und setze Sternengruppen mit Deckweiß auf das trockene Schwarz (z. B. mit Spritztechnik).
Zeichne zum Schluss die Konturen, die durch das Malen unklar geworden sind, mit einem schwarzen Buntstift nach.

UNTERRICHTSPROJEKT 2:
Eine gestaffelte Landschaft entwickeln (Kl. 7–10)

ZEITAUFWAND *3–4 Doppelstunden*
MATERIAL *Schulfarbkasten oder Temperafarben, Borstenpinsel, Pappstreifen, Haushaltsschwämme, Bleistift, Schere, Klebestift, weißes, kräftiges Zeichenpapier*

Schritt-für-Schritt-Anleitung

1. SCHRITT Denke dir eine Fantasielandschaft aus und schneide mindestens drei Landschaftsstreifen zurecht, die du nach den verschiedenen Prinzipien der Raumstaffelung gestaltest. Lege sie übereinander, um die räumliche Wirkung zu überprüfen.

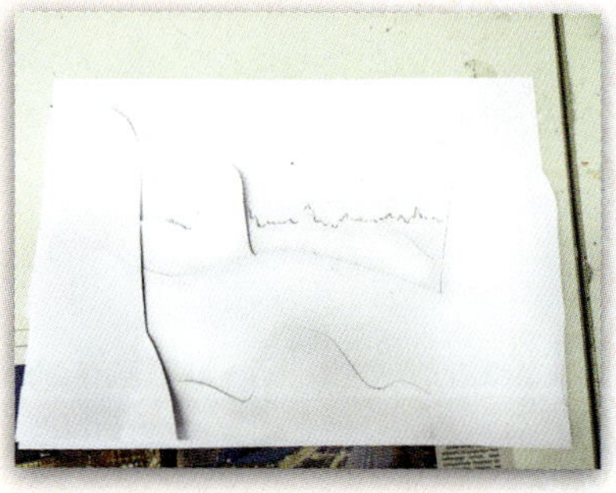

2. SCHRITT Bemale die Landschaftsstreifen entsprechend der Farbperspektive. Jeder Streifen bekommt eine leicht abgemischte Farbe, der vordere Rot-Orange, der hinterste in einem hellen Grün-Blau. Experimentiere mit dem Farbauftrag. Verwende Pinsel, Pappspachtel und Schwämme. Finde eigene Möglichkeiten des experimentellen Farbauftrags.

3. SCHRITT Male einen Farbverlauf von Dunkelblau (oben) bis Hellblau (in der Mitte, entsprechend deinem Horizont) als Himmel für den Hintergrund. Wässere das Blatt vor.

4. SCHRITT Wenn der Hintergrund trocken ist, können die Streifen arrangiert und dann festgeklebt werden.

Du kannst auch ungewöhnliche Landschaftsformen ausprobieren, z. B. einen Durchblick durch eine Felsformation.

Kombiniere organische Rundformen mit rechteckigen Formen und gestalte so Stadtsilhouetten, die vor oder in der Landschaft erscheinen.

UNTERRICHTSPROJEKT 3:
Ein Carracci-Porträt karikieren (Kl. 9–10)

ZEITAUFWAND *2 Doppelstunden*
MATERIAL *Schere, Klebestift, schwarze Buntstifte, weißes, kräftiges Zeichenpapier, Kopfvorlagekopien (Zusatzmaterial)*

Schritt-für-Schritt-Anleitung

1. SCHRITT Zerschneide die Kopien und arrangiere neue Köpfe. Verändere die Proportionen und drehe die einzelnen ausgeschnittenen Teile, bis ein originelles Gesicht entstanden ist. Du kannst auch im Querformat arbeiten. Probiere erst mehrere Möglichkeiten aus, bevor du die Teile aufklebst.

2. SCHRITT Überzeichne die Collage mit schwarzem Buntstift, sodass wieder ein vollständiger Kopf entsteht. Orientiere dich dabei am Original, damit das Bild möglichst einheitlich wird.

UNTERRICHTSPROJEKT 4:
Frottage überzeichnet – Insekten in Großaufnahme (Kl. 7–8)

ZEITAUFWAND *3–4 Doppelstunden*
MATERIAL *DIN-A3-Zeichenpapier, 60g-Druckerpapier, Bleistift, Klebestift, Schere, Insekten-Arbeitsblätter (Zusatzmaterial)*

Schritt-für-Schritt-Anleitung

1. SCHRITT Frottiere mit dem 60-g-Druckerpapier und einem relativ weichen Bleistift möglichst unterschiedliche Oberflächen.
Wichtig: Die Oberfläche sollte das DIN-A4-Format möglichst ganz füllen. Es wird nur jeweils eine Oberfläche pro Blatt frottiert. Notiere, wo du die Oberfläche frottiert hast, damit du sie wiederfinden und dein Material ergänzen kannst, wenn es für dein Bild nicht ausreicht.

2. SCHRITT Zeichne die Umrisse (Konturen) eines Insekts deiner Wahl von den Vorlagen auf dem Insekten-Arbeitsblatt so genau wie möglich auf ein DIN-A3-Blatt ab. Zeichne daneben weitere Insekten, die du aus den Vorlagen nach deiner Fantasie zusammenbaust.

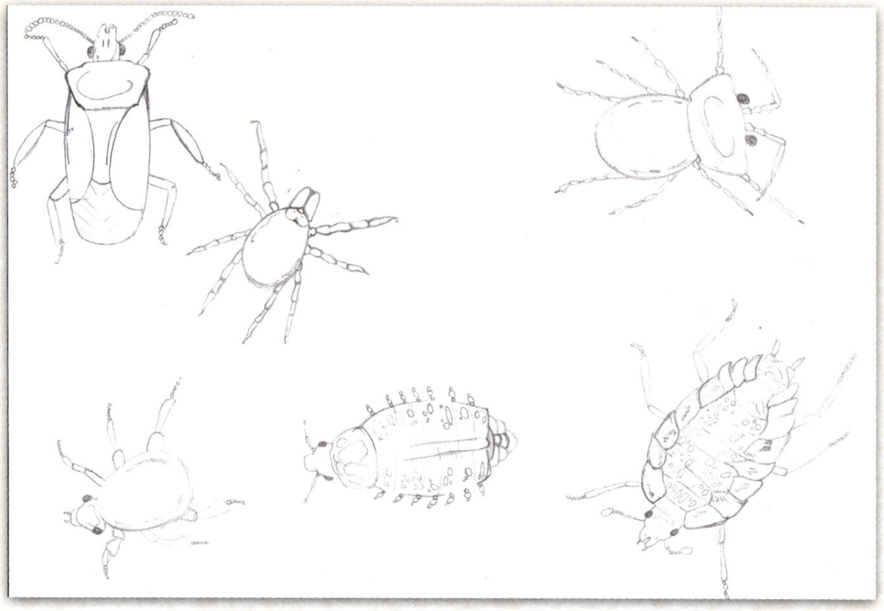

3. SCHRITT Wähle aus deinen Zeichnungen das Insekt aus, das dir am besten gefällt und vergrößere es als Umrisszeichnung auf ein DIN-A3-Blatt. Achte bei der Vergrößerung auf die Proportionen des Insekts. Zeichne dabei möglichst dunkle Linien, die du durch das frottierte 60-g-Papier gut erkennen kannst.
Arbeite das Insekt weiter aus, indem du die Flächen mit dem Frottagematerial beklebst. Lege die Frottage dazu auf die Zeichnung, zeichne die Linien nach und schneide die Fläche aus.

4. SCHRITT Arbeite die aufgeklebten Frottageflächen so nach, dass die Plastizität der Körperformen deutlich wird. Verwende die breite Seite der Bleistiftmine, um weiche Übergänge zu erzeugen. Schaffe Materialkontraste zwischen den frottierten und den nur mit dem Bleistift schraffierten Flächen (z. B. den Beinen). Deine Arbeit sollte einen deutlichen Hell-dunkel-Kontrast aufzeigen. Stelle dir für die Umsetzung der Licht- und Schatteneffekte eine imaginäre Lichtquelle vor. Ein Lichteinfall von links oben wirkt natürlich, er entspricht der uns bekannten Leserichtung.
Um Lichtpunkte und Glanzflächen zu setzen, kannst du diese aus den Frottageflächen herausradieren.

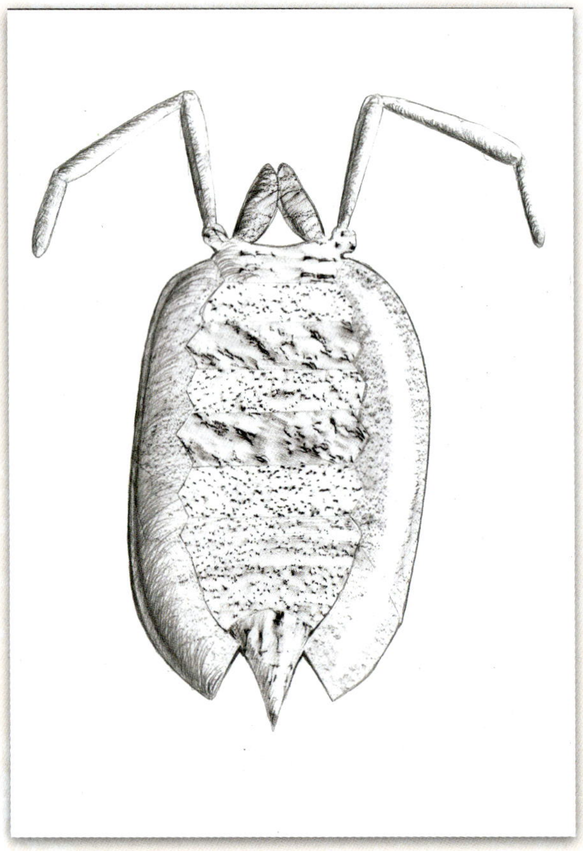
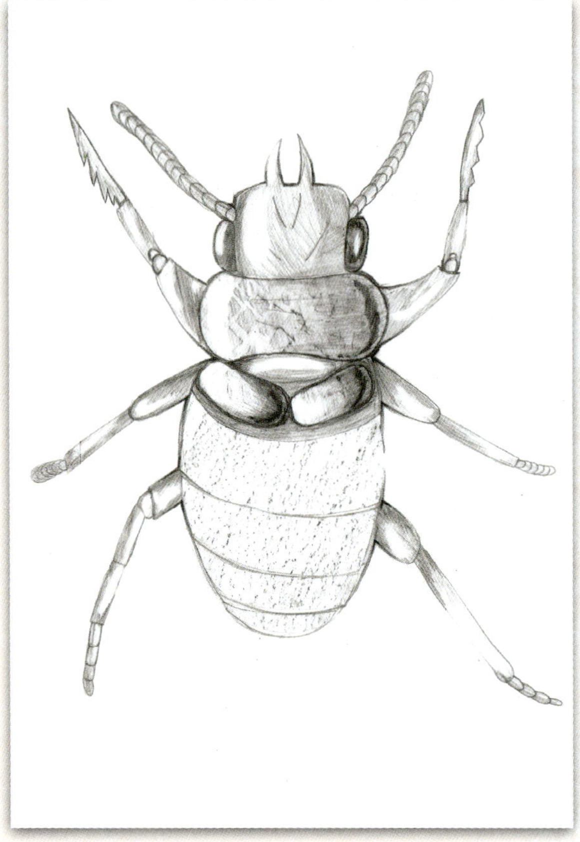
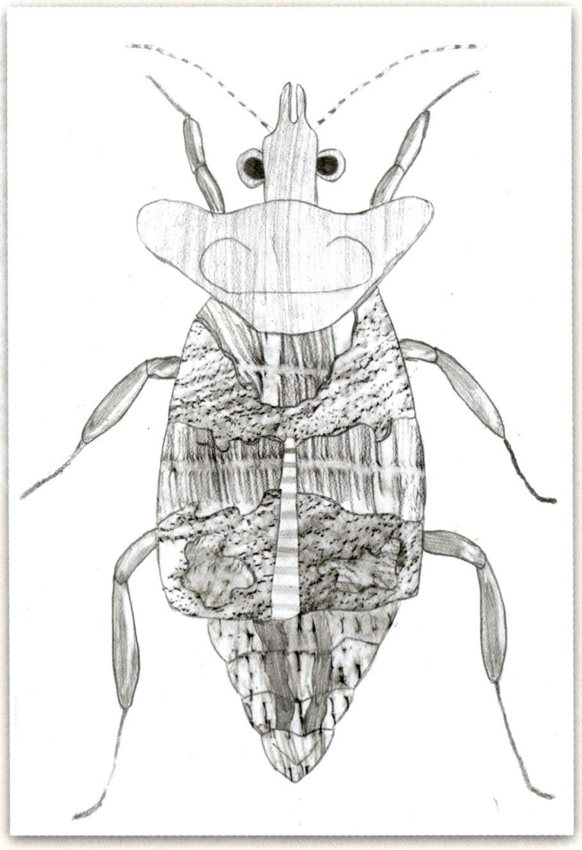

UNTERRICHTSPROJEKT 5:
Vier Ansichten einer Raumecke (Kl. 9–10)

ZEITAUFWAND *4 Doppelstunden*
MATERIAL *weißer DIN-A3-Zeichenkarton, Bleistift, Lineal*

Schritt-für-Schritt-Anleitung

1. SCHRITT Bildet Zweiergruppen und einigt euch gemeinsam auf eine Ecke in eurem Unterrichtsraum, die euer Motiv darstellen soll. Ihr dürft die Ecke nicht verändern! Das Motiv sollte chaotisch sein und durch seine vielen Details überfordern. Das ist wichtig! So treten nicht die Objekte, sondern die Raumsituation in den Vordergrund.
Setzt euch in einem Abstand, der dreimal so groß ist wie das Motiv, vor euer Motiv. Wählt dabei unterschiedliche Positionen, sodass jeder von euch einen anderen Blickwinkel auf das Motiv hat. Insgesamt fertigt jeder zwei Zeichnungen im DIN-A3-Format an, die später zusammengefügt werden. Einigt euch auf ein Hoch- oder Querformat. Wechselt für die zweite Zeichnung noch einmal den Blickwinkel.

2. SCHRITT Zeichnet zuerst die Konturen bis zum Bildrand und erfasst so die Gegenstände im Raum. Beginnt beim Schraffieren nicht mit den Gegenständen, sondern mit dem dunklen Stellen im Raum. Schraffiert zunächst in einem mittleren Grau, damit ihr in den Tiefen des Raums noch dunkler werden könnt. Arbeitet euch langsam zu den hellen Bereichen vor.

3. SCHRITT Schraffiert anschließend die Gegenstände. Zeichnet dabei aber nicht Gegenstand für Gegenstand fertig, sondern entwickelt das Bild ganzheitlich im Zusammenhang mit den Dunkelwerten im Raum. Deutliche Räumlichkeit und Plastizität entsteht, wenn ihr die Bleistiftlinien nicht verwischt, sondern vielfältige, klare Kreuzschraffuren anlegt. Vermeidet jedoch Schraffuren, die sich im 90°-Winkel kreuzen, denn diese wirken immer flächig.

4. SCHRITT Wenn die vier Bilder fertig sind, legt ihr sie nach dem Schema der Abbildung links zusammen. Dabei könnt ihr verschiedene Kombinationen ausprobieren. Achtet auf Brüche, sie können interessante Formzusammenhänge herstellen.

A	B
B	A

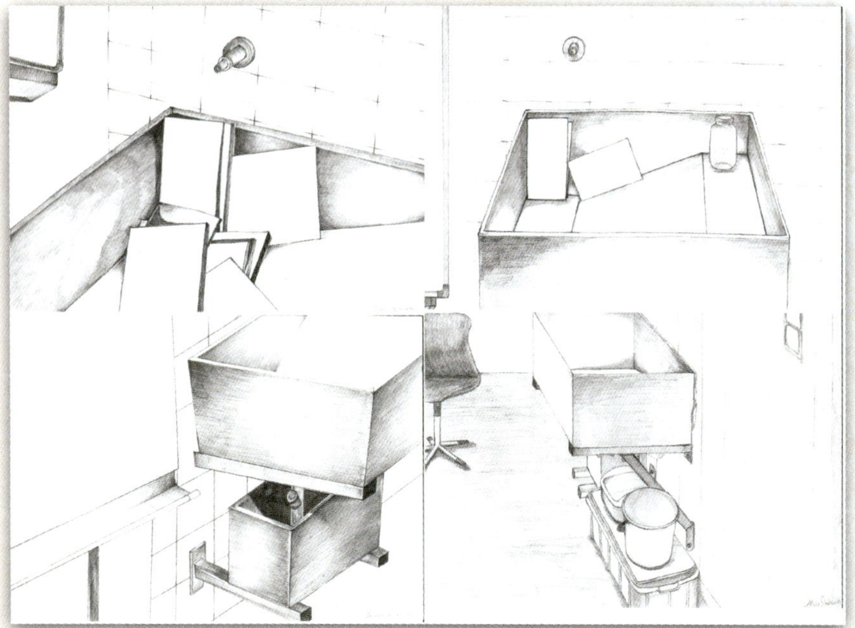

2 Collage zwischen ABSTRAKTION und NARRATION

2.1 Abstrahierende bzw. abstrakte Collagen

UNTERRICHTSPROJEKT 1:
All over – Experimentelle Malerei mit Schablonen und Collage (Kl. 9–10)

ZEITAUFWAND *3–4 Doppelstunden*
MATERIAL *Temperafarben in Flaschen, Deckweiß, verschiedene Pinsel (vor allem Borstenpinsel), Haushaltsschwämme, Pappspachtel, Farbwalzen, Joghurtbecher, preiswertes DIN-A3-Zeichenpapier (weiß, ca. 200 g), Pappe (1–2 mm), Schere, Cutter, gesammeltes Material: Netze, Siebmatten, Noppenfolie (Baumarkt) usw.*

Schritt-für-Schritt-Anleitung

1. SCHRITT Wähle im Farbkreis drei Farben aus, die ein gleichschenkliges Dreieck ergeben. Diese Farben bilden einen harmonischen Farbklang. Mische die Farben aus den vorhandenen Tubenfarben und male sie als Farbprobe zur späteren Orientierung nebeneinander auf ein DIN-A4-Blatt. Mische dir in Joghurtbechern die drei Farben in einer Menge an, die du in der zur Verfügung stehenden Arbeitszeit vermalen kannst.

2. SCHRITT Bei dieser experimentellen Arbeit gibt es keine genaue Schritt-für-Schritt-Anleitung, sondern Verfahren, die du beliebig einsetzen kannst. Arbeite gleichzeitig an einer Serie von Bildern. Während ein Bild trocknet, kannst du am nächsten weiterarbeiten. Wichtig ist, dass jede Farbschicht wirklich trocken ist, bevor du sie übermalst, da sich die Farben sonst zu einem Grau vermischen. Viel Spaß beim Experimentieren!

Mögliche Verfahren:

1. Hochdruck: Der Druckstock wird mit Pinsel oder einer Farbwalze eingefärbt, auf das Bild aufgelegt, kurz aufgepresst und wieder abgenommen. Es drucken nur die hochstehenden Teile.
Auf diese Weise kannst du gut mit Noppenfolie, Siebmatten u. a. drucken. Auch Schablonen aus dickerem Papier oder Pappe, die du einwalzt, sind gut geeignet. Der Druckstock druckt seitenverkehrt.

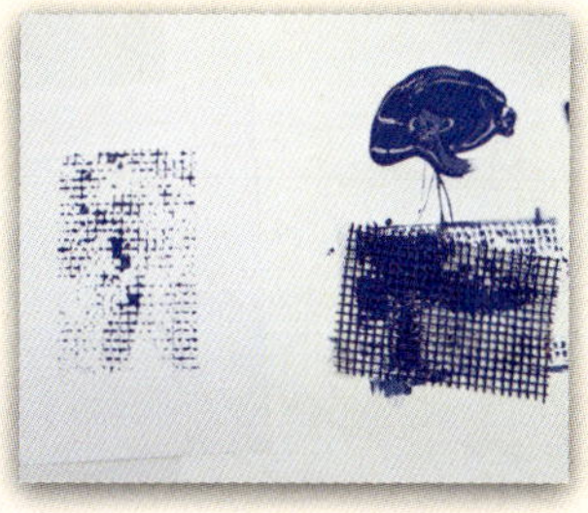

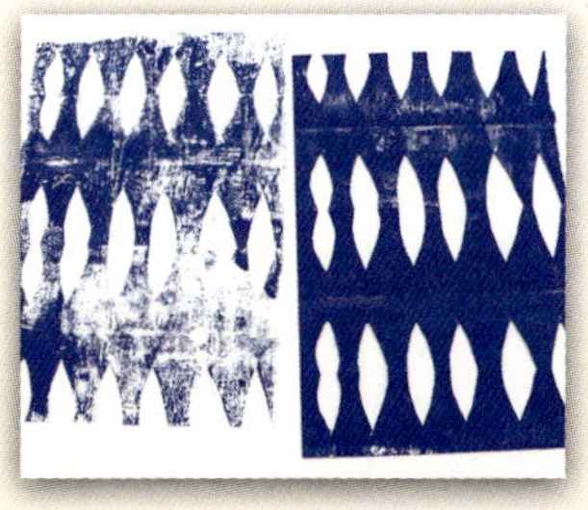

2. Schablonen: Du kannst vielfältige Formen aus Pappe und Papier ausschneiden.

Verwende die Farbe möglichst unverdünnt. Die Farbe darf nicht zu wässrig aufgetragen werden, da sie sonst unter die Schablone läuft. Präzise Ergebnisse erzielt man mit zerschnittenen Haushaltsschwämmen auf Pappschablonen. Mit dem Schwamm lässt sich die Farbe flächig und genau dosiert auftragen.

3. Spachtel: Aus der Pappe kannst du Spachtel mit unterschiedlichen Zahnungen zuschneiden, die die Farbe expressiv und vielgestaltig verteilen.
Es entstehen dabei Schlieren und Verdichtungen, während andere Stellen frei bleiben.

4. Lasuren: Lasuren, d. h. sehr wässrige Farbaufträge, schaffen feine Farbmischungen, die so nicht auf der Palette gemischt werden können. Die einzelnen Schichten müssen immer vollständig durchtrocknen, bevor weitere Schichten aufgetragen werden. Deckweiß liefert einen Farbkörper, der durch Lasuren getönt werden kann.

5. Abklebungen: Achte beim Abkleben mit Kreppband darauf, dass du es nicht zu fest auf dem Papier andrückst, damit es beim Abziehen nicht den Untergrund aufreißt.

6. Monotypie und Walze: Die Monotypie ist ein einmaliger Druckvorgang, bei dem ein Abzug von einer vorher gestalteten Fläche gemacht wird. Dazu eignet sich eine wasserdichte Oberfläche wie z. B. eine Tischplatte. Du kannst die Farbe aufwalzen und beliebig bearbeiten, bevor du das Papier auflegst. Wenn du zusätzlich von hinten auf das aufgelegte Blatt zeichnest, werden diese Stellen stärker abgedruckt. Ein direkter Farbauftrag mit der Walze auf das Bild ist ebenfalls möglich.

7. Collage: Um weitere Ebenen in das Bild zu bringen, bieten sich Abbildungen aus Kunstkalendern oder deine selbst gestalteten Schablonen an, die du aufklebst und weitergestaltest.

3. SCHRITT Male möglichst an mehreren Bildern gleichzeitig. So können die Schichten auf einem Bild trocknen, während du am nächsten weiterarbeitest. Interessant sind Serien von mindestens drei Bildern, die miteinander korrespondieren. Drehe die Bilder zwischendurch und variiere den Blickwinkel.
Wenn du einen Horizont in die Bilder einzeichnest, entstehen fast abstrakte Landschaften.
Als Motiv eignen sich auch einfache, aber symbolisch bedeutsame Gegenstände, wie z. B. ein Stuhl, ein Korb oder eine Kinderschaukel, deren Form du vereinfacht über Schablonen darstellst. Schablonen können sich vielfältig überlagern. Besonders interessant ist die Kombination mit Schrift und Layout.
Es reichen einfache, aber assoziationsreiche Wörter. Wenn du mehrere Bilder seriell anordnest, entsteht zwischen den Wörtern ein interessanter Zusammenhang. Du kannst die Stencil-Schrift der Buchstabenvorlage (Zusatzmaterial, 1.1 UP 1) mit Handschrift kombinieren. Kompositorisch ist der Bereich unten rechts im Bild wichtig. Hier endet die Leserichtung, daher ist hier die richtige Stelle für inhaltliche Pointen.

2.1 Abstrahierende bzw. abstrakte Collagen

UNTERRICHTSPROJEKT 2:
Eine Landschaft aus nichtlandschaftlichen Bildfragmenten (Kl. 9–10)

ZEITAUFWAND *3 Doppelstunden*
MATERIAL *Kopierpapier (DIN A4), wenn möglich, eine größere Menge einseitig bedruckter Hochglanz-Flyer (liegen in Discountern u.a. Läden aus), pro Schüler ein Bogen laminiertes DIN-A4-Papier (oder die Tischplatte, wenn diese entsprechend wasserfest beschichtet ist), Schulfarbkasten, Pinsel, Schwämme, Pappspachtel, Bleistift, ein weißes DIN-A3-Papier, Papierstreifen, Schere bzw. Cutter, Klebestift*

Schritt-für-Schritt-Anleitung

1. SCHRITT Experimentiere vielfältig mit Decalcomanie (Farbabklatsch). Du kannst die Farbe dünn oder dick, mit Schwamm, Pinsel oder Spachtel und auf die glatte Oberfläche auftragen und dann mit einem Blatt abziehen. Getrocknete Abzüge können erneut überdruckt werden. Arbeite seriell.

2. SCHRITT Betrachte deine Abzüge. Lässt sich irgendwo ein schöner Baum oder die Form eines Felsen entdecken? Siehst du eine interessante Hügelkette für den Hintergrund? Umrande mögliche Landschaftselemente mit einem Bleistift und schneide sie aus, um sie zu einer Landschaft zusammenzustellen. Kombiniere die Bildelemente und suche aus den Flyern weitere dazu. Wende die Prinzipien der Raumstaffelung zur Landschaftsgestaltung an.

3. SCHRITT Stelle den Himmel für den Hintergrund her. Wässere dazu mit einem breiteren Borstenpinsel oder einem Schwamm das DIN-A3-Zeichenblatt vor. Trage dann im oberen Teil satt blaue Farbe auf und lass sie nach unten auslaufen. Der untere Bereich sollte fast farblos sein, damit ein schöner Farbverlauf entsteht. Auch in der Natur wird der Himmel zum Horizont hin immer heller.

4. SCHRITT Wenn du mit der Zusammenstellung deiner Landschaft zufrieden bist, kannst du die Elemente aufkleben. Wähle anschließend mithilfe der Papierstreifen einen kompositorisch spannungsvollen Bildausschnitt aus und markiere ihn zum Ausschneiden mit Bleistift. Klebe die ausgeschnittene Collage auf ein weißes Trägerblatt, das auf allen Seiten etwa 3–4 cm größer ist.
Sollte deine Collage sehr wellig sein, kannst du sie von hinten mit einem Schwamm leicht anfeuchten und z. B. zwischen zwei Pappen flach pressen.

UNTERRICHTSPROJEKT 3:
Bilder aus dem Untergrund: Decollage (Kl. 7–10)

ZEITAUFWAND *1–2 Doppelstunden*
MATERIAL *ganzseitige Porträtfotos (mindestens drei) in Kopie, Kleber, Schere, ein DIN-A4-Papier, ein DIN-A3-Papier, Papierstreifen*
HAUSAUFGABE *Bringe Porträtfotos (DIN A4) mit: große, ganzseitige Porträtfotos aus Zeitschriften und den Ausdruck eines eigenen Fotos mit einem Gesicht, das eine ordentliche Grimasse zeigt.*

Schritt-für-Schritt-Anleitung

1. SCHRITT Klebe die kopierten Fotos mit wenigen Klebepunkten übereinander. Spare die Bereiche mit den Gesichtern aus, sodass du Teile davon gut wegreißen kannst, ohne das darunterliegende Foto großflächig zu zerstören. Klebe auf die gleiche Art und Weise zum Schluss ein weißes DIN-A4-Blatt oben auf. Lass das Bündel gut durchtrocknen.

2. SCHRITT Mache einen kleinen Schnitt in die Mitte des weißen Blatts und reiße von dort aus erste Teile dieser Schicht weg. Das erste Porträtfoto kommt zum Vorschein. Schneide und reiße nun auch dieses in Teilen aus. Beobachte beim weiteren Reißen und Schneiden der nächsten Porträts, wie die stehen gebliebenen Teile mit den darunter zum Vorschein kommenden zusammenspielen. Der Umriss des obersten Porträts sollte möglichst intakt bleiben, sodass dieser deinen Decollagekopf zusammenhält.

3. SCHRITT Lege weiße Papierstreifen auf, um den besten Bildausschnitt der Decollage zu bestimmen. Dies ist ein Vorgang, der genau bedacht werden sollte. Schneide nicht zu viel weg.
Markiere den Beschnitt in den Ecken und zeichne ihn mit dem Lineal genau an. Schneide das Bild mit der Schere sauber zu.

4. SCHRITT Klebe die Decollage auf das DIN-A3-Papier. Platziere sie dabei so, dass oben etwas weniger Rand zu sehen ist als unten. Rechts und links sollte der Rand gleich sein. Klebe zuletzt alle Teile fest, die noch nicht fixiert sind.

THE FACE
H

UNTERRICHTSPROJEKT 4:

Bilder mit Durchblick – Figuren ausschneiden und Bildhintergründe collagieren (Kl. 9–10)

ZEITAUFWAND *2 Doppelstunden*
MATERIAL *eine Sammlung von Zeitschriften oder Tageszeitungen mit relativ großen Farbfotos, weißes Trägerpapier (DIN A4), Schere bzw. Cutter, Klebestift, weiße Papierstreifen*

Schritt-für-Schritt-Anleitung

1. SCHRITT Sammele aus deinem Zeitungs- bzw. Zeitschriftenmaterial verschiedene, möglichst große Fotos.

2. SCHRITT Wähle verschiedene Ausschnitte aus und schneide die Figuren heraus. Verwendet werden anschließend die daraus entstandenen Fotohintergründe.

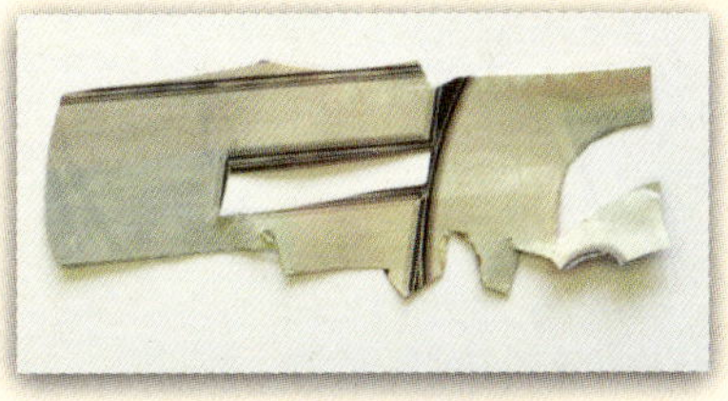

3. SCHRITT Lege die daraus entstandenen Fotohintergründe in mehreren Schichten übereinander und verschiebe so lange, bis eine interessante, abstrakte Kombination entstanden ist. Erstelle auf diese Weise eine etwa DIN A5 große, in sich geschlossene Collage.
Du kannst die ausgeschnittenen Teile vielfältig übereinanderlegen und verschieben. Kompositorisch wichtig ist eine dezentrale Schwerpunktsetzung. Dazu stellt man sich eine 9-Felder-Einteilung vor und platziert ein markantes Teil auf einem der Schnittpunkte.

4. SCHRITT In der Entwicklung unten ist die Figurensilhouette interessant. Sie zeigt eine Figur, die jedoch keinerlei erzählerischen Wert hat.
Kombiniere immer wieder neu. Es geht bei dieser Collage um das Verschränken der einzelnen Formen zu unerwarteten Kombinationen.

5. SCHRITT Suche mit Papierstreifen einen interessanten Ausschnitt und überprüfe die Komposition anhand des 9-Felder-Schemas. Die Komposition sollte dezentral, spannungsvoll und doch ausgeglichen sein.
Markiere den Beschnitt in den Ecken und zeichne ihn mit Lineal an. Schneide die Collage sauber mit einer Schere zu und klebe sie auf ein weißes DIN-A4-Trägerblatt auf.

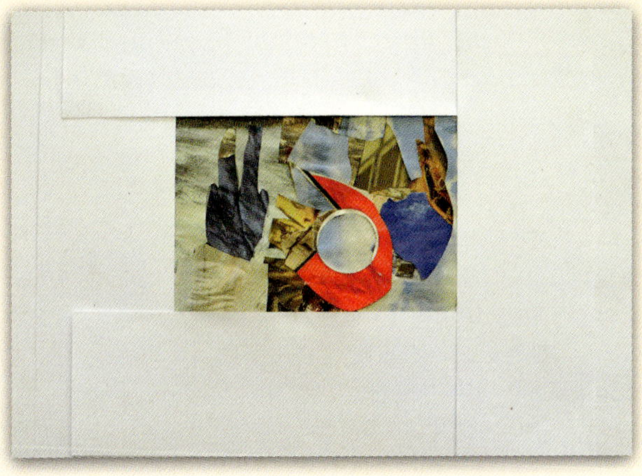

UNTERRICHTSPROJEKT 5:
Ein Porträt kacheln (Kl. 9–10)

ZEITAUFWAND *1–2 Doppelstunden*
MATERIAL *DIN-A3-Zeichenpapier (200 g), Bleistift, Spiegel, Cutter, Lineal, Portätschablone DIN A3 zum Drucken oder DIN A4 zum Vergrößern (Zusatzmaterial)*

Schritt-für-Schritt-Anleitung

1. SCHRITT Schneide mit einem Cutter aus der unteren Hälfte der DIN-A3-Schablone die drei Quadrate aus. Achte darauf, dass die Stege zwischen den Quadraten stabil bleiben.

2. SCHRITT Lege die Schablone so auf den oberen Teil des DIN-A3-Zeichenpapiers, dass die beiden unteren Quadrate ausgefüllt werden können, das obere aber noch nicht auf dem Blatt ist. Nehme den Spiegel zur Hand und zeichne nun in die Quadrate die entsprechenden Teile deines Spiegelbildes, die sich ungefähr an der Stelle des jeweiligen Quadrats befinden. Um die Spannung zu halten, darfst du erst am Schluss die Zeichnung aufdecken.

Auf der Abbildung ist die Schablone etwas nach rechts verschoben, um die Position auf dem Zeichenblatt besser zeigen zu können.

3. SCHRITT Schiebe nun die Schablone so weit nach unten, dass das obere mittlere Quadrat zwischen den bereits gezeichneten, nun aber verdeckten Quadraten liegt. Zeichne in die drei offenen Quadrate die Gesichtsausschnitte, die sich im Spiegelbild an den betreffenden Stellen befinden. Dabei können Augen und Nase auch angeschnitten sein.

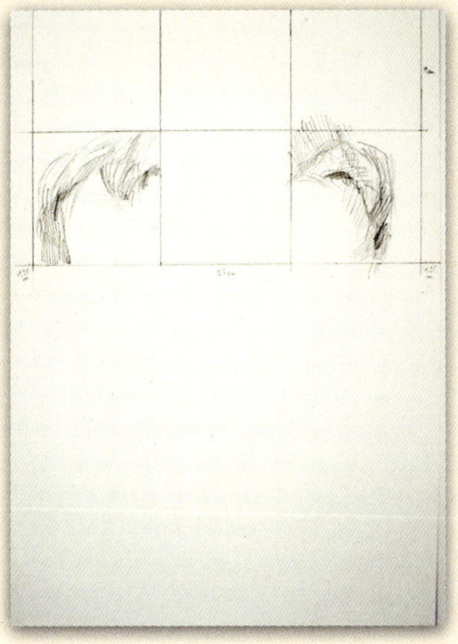

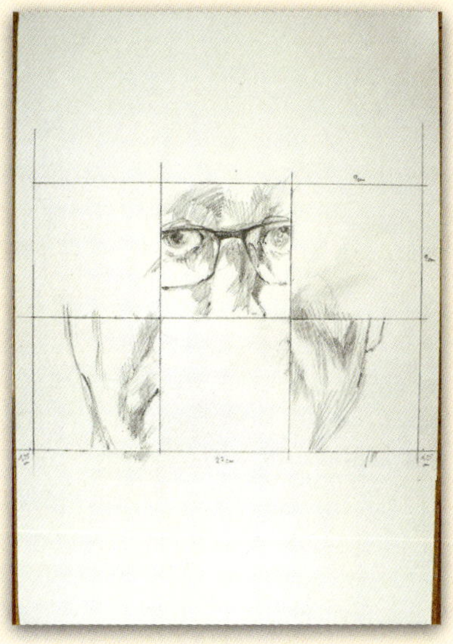

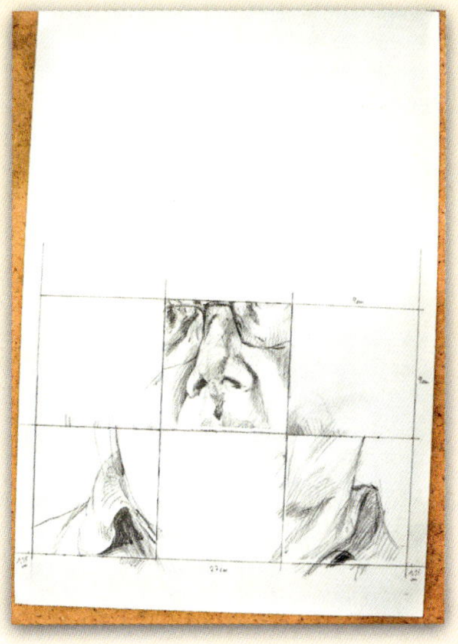

4. SCHRITT Auf diese Weise zeichnest du Schritt für Schritt dein Gesicht im Spiegel bis zum unteren Bildrand. Sichtbar sind jeweils nur die Bereiche der ausgeschnittenen Quadrate. Decke erst am Schluss die Schablone auf, damit du einen Überraschungseffekt hast.

UNTERRICHTSPROJEKT 6:
Eine Dose abstrakt (Kl. 9–10)

ZEITAUFWAND *3 Doppelstunden*

MATERIAL *DIN-A4- und DIN-A3-Zeichenpapier (200 g) und DIN-A4-Kopierpapier (80 g), orangefarbenes Tonpapier (DIN A4), Bleistift, Schere bzw. Cutter, Klebestift, Lineal, Deckweiß, schwarze Tusche, Pinsel mit einer guten Spitze (Kunststoffpinsel, Gr. 6), sechs Fotos von zertretenen Getränkedosen, fünf Kopien von jeder Dose als Materialpool, Kopierer*

Schritt-für-Schritt-Anleitung

1. SCHRITT Schneide die Dosen zunächst aus den Kopien aus. Zerschneide dann die Dosen und lege sie zu Kombinationen zusammen. Ergänze dabei nicht einfach einen abgeschnittenen Dosenausschnitt durch einen anderen, sondern lass möglichst interessante, ineinander verschränkte Formen entstehen. Die Collage soll etwa zwei Drittel eines DIN-A4-Blatts bedecken.

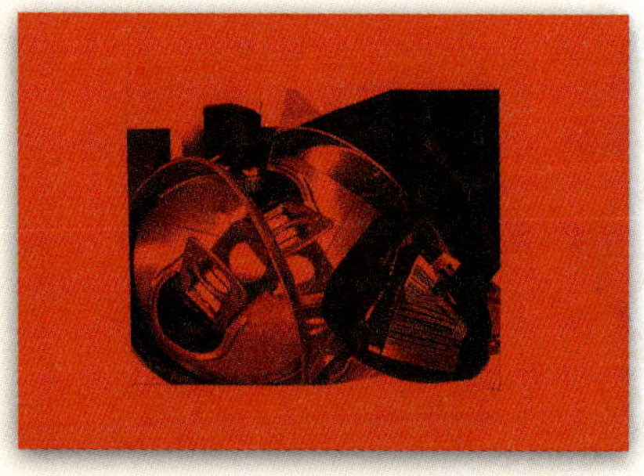

2. SCHRITT Lege das orangefarbene Tonpapier in den Kopierer und erstelle eine Kopie der fertigen Collage. Male mit Deckweiß und schwarzer Tusche die Kopie nach. Achte dabei auf die Details. Mische möglichst feine und unterschiedliche Grautöne. Arbeite die komplette Collage nach, sodass – bis auf wenige Stellen – nichts mehr von dem orangefarbenen Tonpapier durchschimmert.

3. SCHRITT Ergänze die Ränder deiner Malerei zu einem vollständigen Rechteck und schneide das Werk aus. Klebe es auf das DIN-A3-Trägerblatt, wobei du oben etwas weniger Abstand zum Rand lässt als unten. Verwende einen Klebestift und möglichst wenige Klebepunkte, damit sich keine Wellen bilden.

RO2016

RO20
Coca-Cola

UEFA
URO2016™
FRANCE

UNTERRICHTSPROJEKT 1:
Reizbildcollagen (Kl. 7–10)

ZEITAUFWAND *4 Doppelstunden*
MATERIAL *Kopie des Reizbildes auf DIN-A3-Zeichenpapier, blauer Buntstift, Bleistift, schwarze Tusche, Zeichenfeder, kleine Joghurtbecher, Toilettenpapier, ein Pinsel (Kunsthaar, Nr. 6) mit Spitze zum Austuschen (alternativ: Fineliner, dickerer schwarzer Filzstift), Kopierer*

Schritt-für-Schritt-Anleitung

1. SCHRITT Skizziere mit blauem Buntstift erste Bildideen um das Reizbild herum. Bearbeite skizzenhaft das ganze Format. Zeichne aus dem Armgelenk und nicht aus dem Handgelenk heraus. Arbeite dich nicht an einer Sache fest. Die Zeichnung soll hell bleiben und nicht zu sehr in die Einzelheiten gehen.

2. SCHRITT Konkretisiere den Entwurf mit Bleistift. Schaffe einen harten Kontrast zwischen Linien und schwarzen Flächen. In deiner Welt gibt es nur Schwarz und Weiß, d. h. extremes Licht oder tiefer Schatten. Verzichte hier auf schraffierte Grauwerte bzw. Mitteltöne. Arbeite die Skizze präzise aus.

3. SCHRITT Erstelle eine Kopie deiner Bleistiftzeichnung. Achte auf die Kontrasteinstellung, sodass gleichmäßige Schwarzflächen entstehen. Die Linien des blauen Buntstifts sollten danach kaum noch zu sehen sein.

4. SCHRITT Du kannst die Kopie nun kolorieren. Verwende reine Farben in klaren Flächen. Male so wenig wie möglich über die schwarzen Flächen, da sich sonst graue Schlieren bilden.

UNTERRICHTSPROJEKT 2:
Ein bunter Teller Kekse (Kl. 7–8)

ZEITAUFWAND *2–3 Doppelstunden*
MATERIAL *DIN-A3-Zeichenpapier, Temperafarben (oder Schulmalkasten), Kunstfaserpinsel mit Spitze, Bleistift, Schere, Klebestift, schwarzes und dunkelgraues Tonpapier*

Schritt-für-Schritt-Anleitung

1. SCHRITT Zeichne auf einem DIN-A3-Blatt ca. 20 verschiedene Kekse auf. Es sollen möglichst unterschiedliche Kekse sein, damit es ein bunter Keksteller wird. Zeichne die Kekse als Umrisszeichnungen mit klaren Detailumrissen, z. B. für Zierkirschen und anderes Dekor, innerhalb der Umrissform.

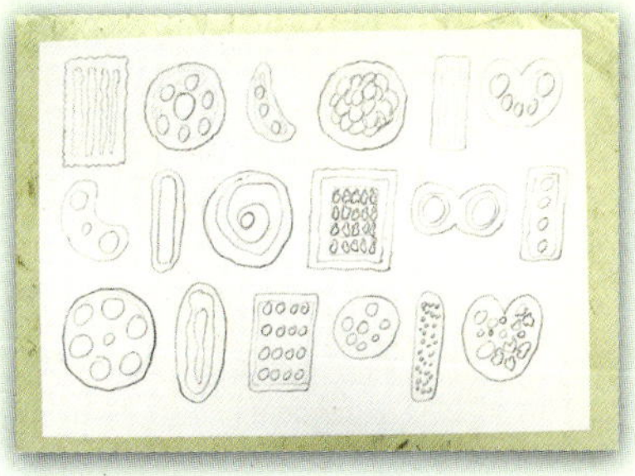

2. SCHRITT Mische auf einer Palette nach dem Farbdreieck einen Braunton an. Dieser Braunton dient dir als Grundton, den du mit den Buntfarben Rot, Blau und Gelb abmischst. Verwende kein Schwarz. Es nimmt den Farben die Leuchtkraft und lässt sie trüb aussehen. Die Kekse sollen von links oben beleuchtet sein, d. h. ihre Schattenseite ist rechts unten. Male die Kekse lasierend vom Hellen schrittweise ins Dunkle aus. Es ist wichtig, dass die ersten Schichten ganz trocken sind, bevor du weiter malst. Nimm dir ausreichend Zeit und arbeite die Details sorgfältig aus.
Experimentiere mit der Spritztechnik. Dadurch erhältst du eine lebendige, körnige Untermalung. Diese darf aber nicht zu dunkel werden, damit sie noch weiter übermalt und integriert werden kann. Da die Kekse noch ausgeschnitten werden, kannst du auch etwas über die Kontur malen.

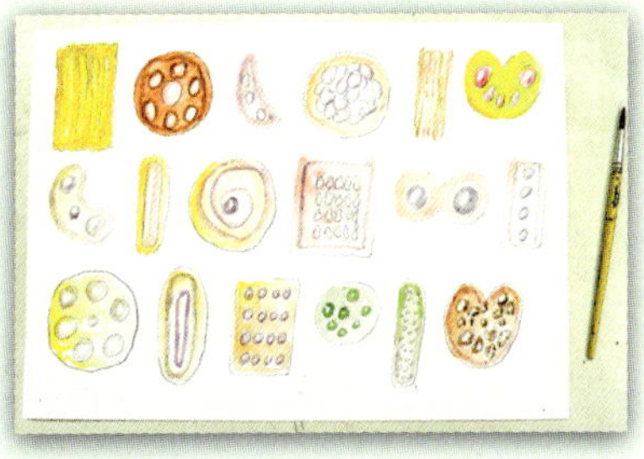

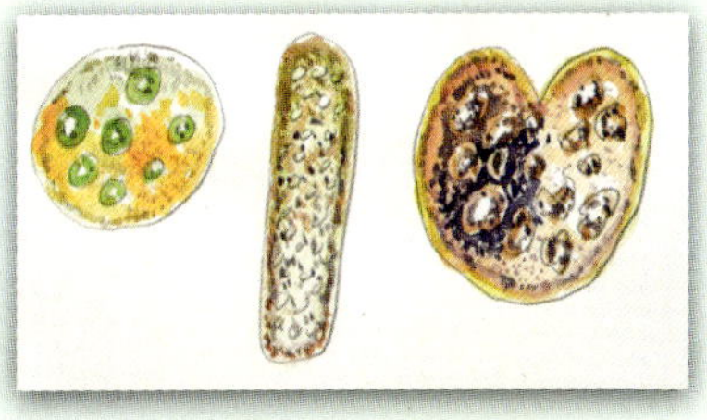

3. SCHRITT Der Keks links ist in Lasurmalerei ohne Deckweiß gemalt. Rechts wurde er mit Deckweißmalerei überarbeitet. Deckweißabmischungen sind stark deckend und verstärken die Plastizität. Die Malerei verliert jedoch ihre Transparenz und Vielschichtigkeit. Daher solltest du mit Deckweiß vorsichtig sein und eher nur letzte Lichtakzente setzen oder es für den Zuckerguss verwenden.

4. SCHRITT Zum Schluss werden die Konturen gemalt, jedoch nicht mit Schwarz, sondern ebenfalls mit dem angemischten Braunton, den du mit Blau abdunkeln kannst. Du kannst die Konturen aber auch mit einem dunklen Buntstift nachzeichnen, wenn dir das leichter fällt.

5. SCHRITT Verwende die gleiche Technik, um einen Teller zu malen. Hier bietet sich ein leichtes Blau als Grundton an.

6. SCHRITT Wenn alles trocken ist, werden die Kekse und der Teller sauber ausgeschnitten und auf dem Tonpapier arrangiert. Komponiere dezentral. Um dem Bild noch mehr räumliche Tiefe zu verleihen, verwende das dunkelgraue Tonpapier als Tischfläche, auf dem du zusätzlich zum Umriss des Tellers den Schatten der Bildgegenstände aufzeichnest und ausschneidest. Das darunterliegende schwarze Tonpapier erscheint dann als Schatten unter dem Keksteller.

UNTERRICHTSPROJEKT 3:
Bildprozesse symbolischer Verdichtung (Kl. 7–10)

ZEITAUFWAND *4 Doppelstunden*
MATERIAL *Zeichenpapier DIN A3, Spiegelplatten aus dem Baumarkt, Bleistift, Zeitschriften/Zeitungen*

Schritt-für-Schritt-Anleitung

1. SCHRITT Baue deine Federtasche in einem Abstand der dreifachen Objektlänge vor dir auf. Verwende ein Zeichenbrett, damit du das Blatt schräg vor dich halten und es in einem besseren Winkel betrachten kannst. Peile die Proportionen ab, d. h., messe mit gestrecktem Arm und dem Bleistift die Körperachsen und Umrisslängen ab. Wenn das Objekt zu klein ist, musst du die gepeilten Längen verdoppeln. Fertige eine detailgetreue Bleistiftzeichnung deiner Federtasche an.

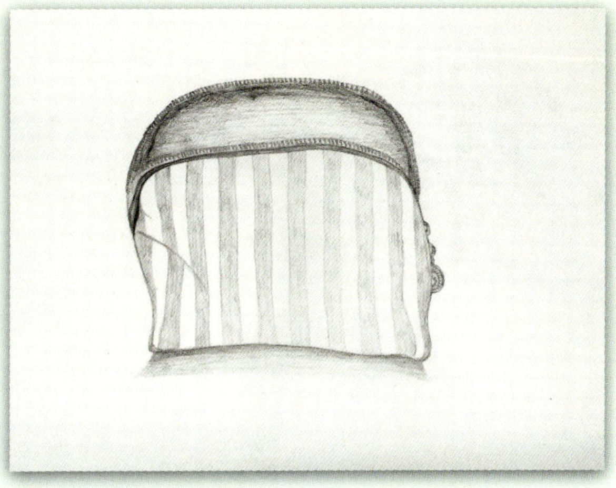

2. SCHRITT Stelle dir als Nächstes eine der Spiegelplatten auf den Tisch und zeichne ebenfalls mit Bleistift dein Porträt nach dem Spiegelbild neben die Federtasche.

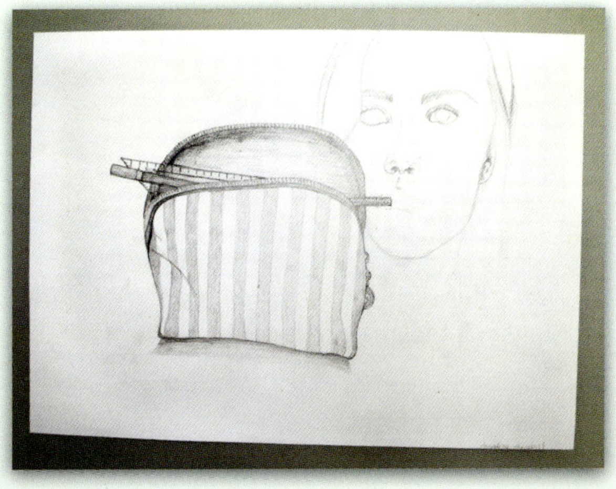

3. SCHRITT Suche dir als drittes Element spontan aus einer Zeitschrift oder Zeitung einen Foto- oder Illustrationsausschnitt aus. Überlege genau, wie du dieses letzte Motiv in die Zeichnung einbaust.

Variante mit eigenem Schuh, einem Renaissanceporträt und einem kleinen grafischen Element aus der Zeitung. Hier sollte nach jedem Schritt zusätzlich eine persönliche Gefühlsäußerung integriert werden.

UNTERRICHTSPROJEKT 4:
Absurde Räume – Ein Treffen mit sich selbst (Kl. 9–10)

ZEITAUFWAND *2 Doppelstunden*
MATERIAL *Fotoapparat, Stativ (hilfreich, aber nicht notwendig), PC mit Bildbearbeitungsprogramm (z. B. Gimp), USB-Stick, einen Bogen DIN-A4-Fotopapier für einen Ausdruck*

Schritt-für-Schritt-Anleitung

1. SCHRITT Suche mit einem Partner zusammen einen Ort auf dem Schulgelände, der euch als Kulisse geeignet erscheint. Erstellt für jeden von euch eine Fotoserie, bei dem die Kulisse immer dieselbe bleibt und ihr eure Position verändert. Positioniert dabei die Kamera stabil auf einer Unterlage oder wenn möglich auf einem Stativ und behaltet die genaue Position während der jeweiligen Fotoserie bei. Verwendet den Selbstauslöser, um so wenig wie möglich zu verwackeln. Denkt euch unterschiedliche Posen in eurer Kulisse aus. Versucht auch, starke Bewegungen festzuhalten, indem der Darsteller im richtigen Moment ins Bild springt usw. Auch Anschnitte, bei denen im Vordergrund nur ein Teil der Person zu sehen ist, sind interessant.

2. SCHRITT Bearbeitet die Bildserie anschließend im Bildbearbeitungsprogramm. Fügt die unterschiedlichen Bilder durch Freistellen und Überlagern von mehreren Ebenen zu einem Bild zusammen.

3. SCHRITT Druckt das fertige Bild im Format DIN A4 in einer möglichst guten Qualität aus.

4. SCHRITT Fotografiert eine zweite Fotoreihe. Diesmal inszeniert ihr eine Situation, die eine bestimmte Beziehung zwischen den Figuren zeigt, z. B. einen Streit mit euch selbst bei einem Brettspiel mit euch selbst. Ihr könnt auch den Freund, die Freundin auf viele Selbst von euch treffen lassen.
Überlegt euch eine konfliktreiche Situation.
Bearbeitet auch hier die Bildserie und druckt das fertige Bild in einer guten Qualität auf DIN A4 aus.

Didaktischer KOMMENTAR

Auf den folgenden Seiten finden Sie Informationen, die Ihnen einen tiefergreifenden Einblick und didaktische Hilfestellungen zu den einzelnen Unterrichtsprojekten geben. Sie können sie verwenden, um im Vorfeld die theoretischen Grundlagen zu den einzelnen Unterrichtseinheiten zu vermitteln und die Praxisteile einzuleiten.

Wo es sich anbietet, gibt es außerdem noch Hinweise zur Differenzierung.

1 Collage als MITTEL zum ZWECK

1.1 Kompositionsprinzipien erarbeiten

Komponieren lernen

Wenn Schüler in einer Grundübung beliebige Kreisformen in einen Rahmen setzen sollen, entstehen meist Kompositionen, die gleich große Kreisformen in einer regelmäßigen Streuung zeigen. Dies entspricht dem menschlichen Bedürfnis nach Ordnung und Ruhe. Offene Bildformen, Asymmetrie, Schwerpunktsetzungen durch Häufungen und Anordnungen diagonal zum Rahmen sind spannungsvolle Kompositionsprinzipien, die die Schüler erst lernen müssen.

Kadrierung (Rahmen des Bildausschnitts)

Die Wahl eines eigenen Kompositionsrahmens ist die erste wichtige Gestaltungsentscheidung auf dem Weg zum Bild. Beim Aufzeichnen eines Rahmens machen sich die Schüler klar, welche Dimensionen und Begrenzungen ihr Bild haben soll. Durch das Experimentieren mit Papierstreifen als Rahmenformat auf einer fertigen Collage bekommt man einen abstrakten Blick für Komposition. Hierbei darf gerne auch von den gängigen DIN-Formaten abgewichen werden.

Komponieren mit geometrischen Formen (Ellipse, Dreieck, Rechteck)

Um Kompositionsprinzipien erkennbar zu machen, müssen die Bildgegenstände auf Grundformen reduziert werden. Dadurch verlieren sie ihre erzählerischen Inhalte. Zum Einsatz kommen die geometrischen Grundformen Kreis/Ellipse, Rechteck/Quadrat und Dreieck.

Kreisfläche:

Eine Kreisfläche hat keine klare Ausrichtung. Sie akzentuiert innerhalb eines Kompositionsrahmens nur einen Ort und eine Ausdehnung.

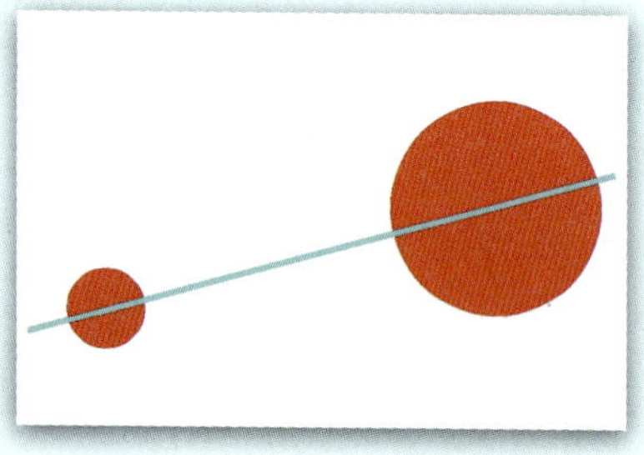

Werden zwei Kreisflächen einander gegenübergestellt, entstehen Groß-klein-Kontraste und erste horizontale, vertikale oder wie hier diagonale Bezüge.

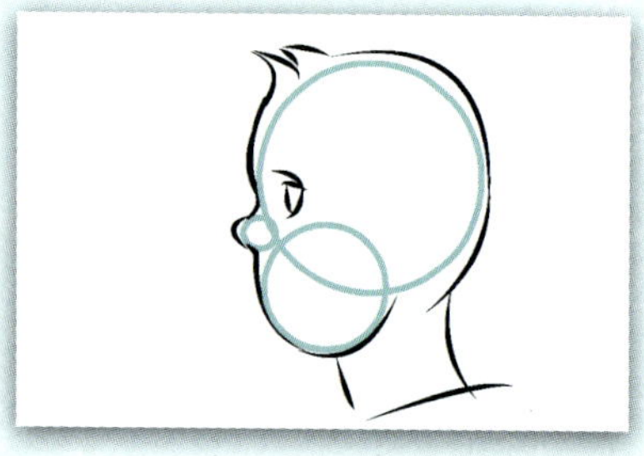

Kreisformen wirken weich und passiv. Sie bilden die Grundformen des Kindchenschemas.

Ellipsenfläche: Eine Ellipsenfläche macht bereits deutliche horizontale, vertikale und diagonale Ausrichtungen erkennbar und baut daher stärkere Bezüge zu anderen Formen auf.

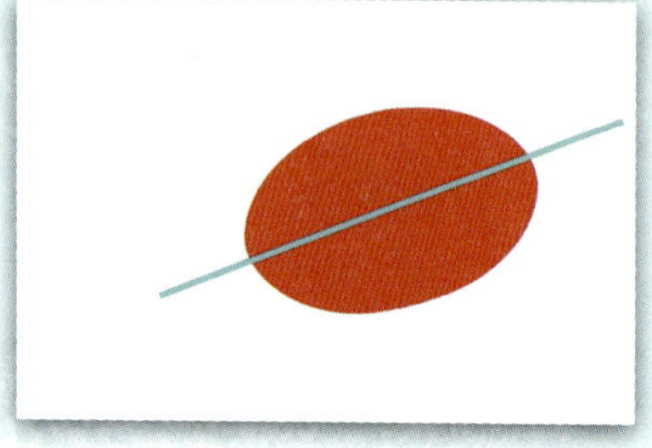

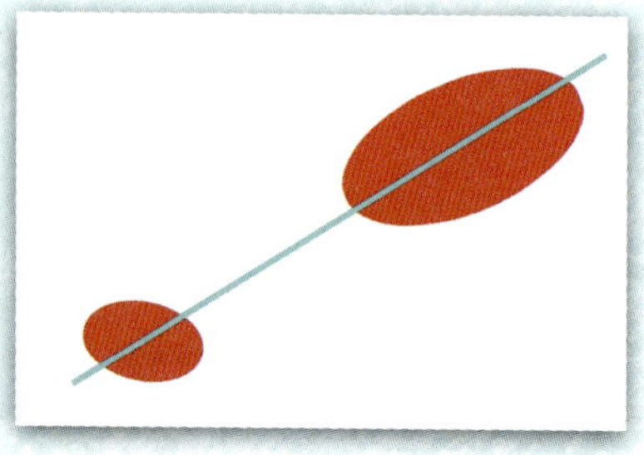

Quadratfläche: Die Quadratfläche macht sofort Statik deutlich, wenn sie parallel zu den Rahmenlinien ausgerichtet ist. Gekippt wirkt sie wenig elegant und wie gewaltsam aus der Ruhe gebracht.

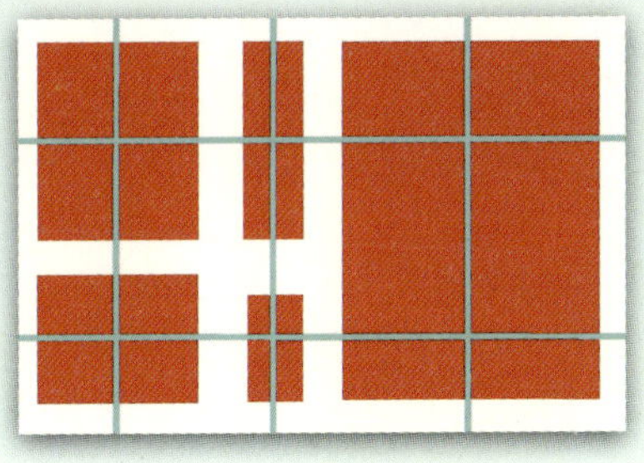

Quadratflächen und Rechteckflächen bauen Raster auf, die Ruhe und Ordnung herstellen und z. B. in Layouts auch dynamische Elemente gut integrieren können.

Dreiecksflächen: Insbesondere spitzwinklige Dreiecke bauen diagonale Kompositionsbezüge auf. Sie wirken dynamisch, spannungsvoll und aggressiv („Messerform").

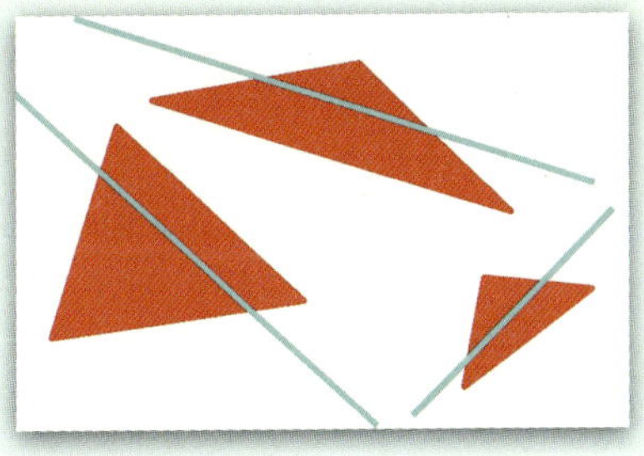

Kompositionslinie und Großstruktur:
Kompositionslinien sind nicht im Bild vorhanden, sondern werden vom Künstler bzw. interpretierenden Betrachter gedanklich ins Bild hineinkonstruiert. Sie verbinden mehrere Bildgegenstände miteinander und machen die Bezüge der Bildgegenstände untereinander deutlich. Sie bauen Großstrukturen auf: Diagonalstrukturen, Dreiecksstrukturen, Kreis- und Rasterstrukturen.

Diagonalstrukturen bringen die Komposition in Bewegung, Dreiecksstrukturen hierarchisieren die Bildgegenstände, während Kreisstrukturen die Bildgegenstände auf eine Mitte beziehen und zu einer Gemeinschaft gleicher Elemente formieren. Rasterstrukturen bauen Ordnung auf.

VORBEREITENDES UNTERRICHTSPROJEKT:
Kompositionsportfolio (Kl. 7–10)

Um Ihren Schülern einen Einstieg in die Kompositionsarbeit zu geben, bietet sich die Stationenarbeit an. Das entsprechende Kompositionsportfolio mit Bewertungsbogen finden Sie im Zusatzmaterial.

Die Neun-Felder-Einteilung

Gibt man den Schülern die Aufgabe, in einen postkartengroßen Rahmen einen Kreis zu zeichnen, werden viele Schüler den Kreis in die Rahmenmitte setzen. Es zeigt sich: Die zentrale Komposition entspricht dem menschlichen Bedürfnis nach Ordnung und Statik. Die Positionierung in der Bildmitte gibt dem Kreis außerdem die maximale Bedeutung.

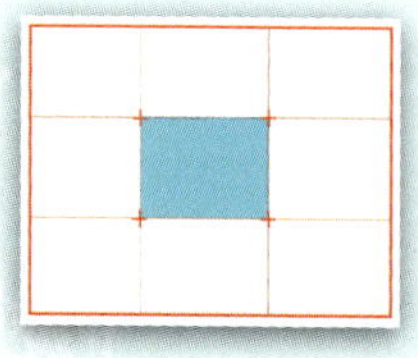

Mit Hilfe der Neun-Felder-Einteilung wird deutlich, dass es noch andere Bildbereiche gibt, die für die Komposition von Bedeutung sind. Durch die horizontale und vertikale Drittelung der Bildfläche ergeben sich neun Felder. Vielleicht kennen einige Schüler diese Kompositionshilfe schon von einer Handykamera oder einem Fotoapparat. Das zentrale Feld ist hier zur Verdeutlichung farbig unterlegt. Außerdem sind die wichtigen Schnittpunkte der Linien markiert. Die Drittelung greift den Goldenen Schnitt auf.

Neben neun Feldern markiert die Einteilung auch vier Schnittpunkte, die für die dezentrale Komposition mit diagonalen Kompositionslinien, d. h. für einen dynamischen, spannungsvollen Bildaufbau, wichtig sind.

Lassen Sie die Schüler auf ihren Handys/Fotoapparaten die Neun-Felder-Einteilung einstellen und vom Nachbarn zwei Fotos machen. Auf dem einen soll das Gesicht auf das zentrale Feld ausgerichtet sein, auf dem zweiten dezentral auf einen der Schnittpunkte. Die Wirkung der beiden Fotos ist deutlich unterschiedlich. Während das zentrale Motiv eher von Laien zum Sammeln von Motiven angewendet wird, wirkt das dezentrale Motiv deutlich ungewöhnlicher und als Bild bewusster gestaltet.

Die Person ist direkt in die Mitte gesetzt. Sie befindet sich in einem Abstand, der einer normalen Kommunikationssituation entspricht (Einstellungsgröße: Halbnah). Durch den großen „Headroom" wirkt sie wenig dominant.

Der Schwerpunkt liegt nun am Rasterpunkt rechts oben und ist dezentral. Zusätzlich wurde die Distanz verkürzt und mit Anschnitten gearbeitet (Einstellungsgröße: Nah). Das Foto wirkt spannender und die Person dominanter.

Groß-klein-Kontrast

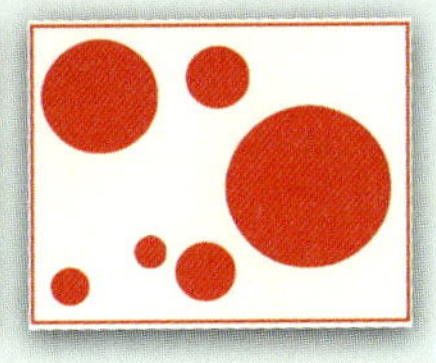

Der Groß-klein-Kontrast ist ein wichtiges Gestaltungsmittel, um im Bild Spannung aufzubauen. Ohne dieses Wissen stellen Schüler oft relativ gleich große Formen zusammen und verteilen diese gleichmäßig auf dem Bild. Geben Sie Ihren Schülern die Aufgabe, auf einem DIN-A4-Blatt in einen aufgezeichneten Rahmen sechs Kreisflächen aus farbigem Papier aufzukleben. Suchen Sie sich aus den Ergebnissen zwei Beispiele heraus: Das eine zeigt eine Auswahl gleich großer Formen, das andere eine Formauswahl mit Groß-Klein-Kontrast. Hängen Sie beide Beispiele gut sichtbar auf. Finden Sie gemeinsam heraus, wie oft welche Lösung in der Gruppe vorkommt und lassen Sie die Schüler bewerten, welche der beiden Kompositionen spannender ist. Für den Fall, dass in der restlichen Klasse die ruhigere und ausgeglichene – aber auch langweiligere – Lösung häufiger vorkommt, kann man diskutieren, welchen Grund das haben kann.

Geschlossene und offene Bildform

Sind alle Bildgegenstände vollständig im Bildrahmen zu sehen und reicht nichts über das Bild hinaus, spricht man von einer geschlossenen Bildform. Werden Bildgegenstände jedoch vom Bildrand angeschnitten, erscheint das Bild also als Ausschnitt aus einem großen Ganzen, handelt es sich um eine offene Bildform.

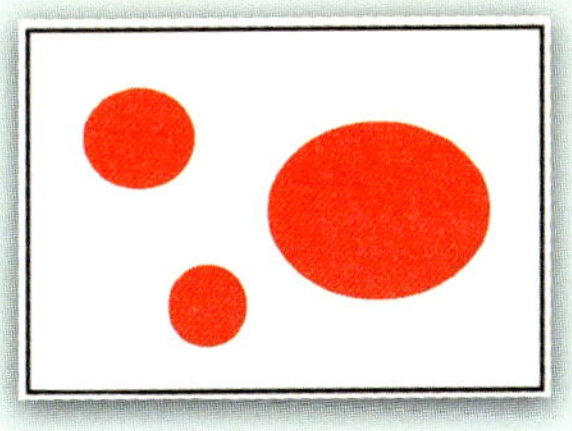

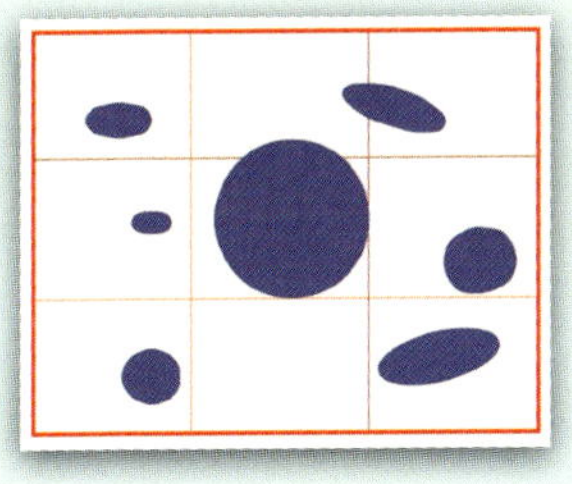

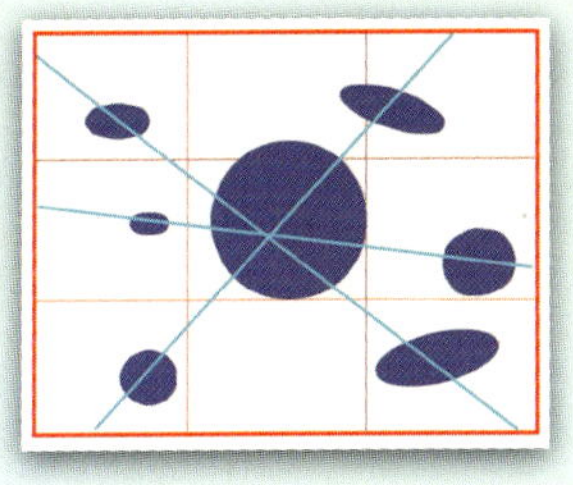

Differenzierung:

Leichtere Variante der Stationenarbeit: Schwächere Schüler können sich stärker an den Vorlagen orientieren oder sie auch einfach nur reproduzieren. Der Analyseteil fällt weg, dafür wird mehr Wert auf die handwerkliche Ausführung gelegt. Entsprechend müssen Sie den Bewertungsbogen für diese Schüler prozentual modifizieren.

UNTERRICHTSPROJEKT 1:
Komposition mit Stencil-Buchstaben (Kl. 9–10)

Stencil-Buchstaben als Schablone

Stencil-Alphabete gibt es in unterschiedlichster Form im Internet. Die im Zusatzmaterial angebotene Schablonenvorlage ist eine selbst hergestellte Stencil-Schrift. Es handelt sich um eine etwas in die Länge gezogene Arial-Black-Schrift, die in einem Zeichenprogramm um die weißen Stege ergänzt wurde. Diese Technik lässt sich auch auf andere (geeignete) Schriften anwenden. Vergrößern Sie die beiliegende Schriftvorlage auf DIN-A3 und verwenden Sie für die Schablonenkopien ein kräftiges Zeichenpapier.

Mischen durch Überlagern der Farben

Für das Mischen und Überlagern der Farben beim Ausmalen der Schablonen sind Buntstifte bestens geeignet. Sie sind durchaus farbintensiv und entwickeln beim Übereinanderlegen interessante Mischungen. Für die dunkelsten Buchstaben kann auch ein Bleistift verwendet werden, dessen silbrige Oberfläche gut zu den Buntstiftbuchstaben passt.

Differenzierung:

Einfachere Variante: Eine ganz einfache Variante, die aber durchaus ansprechende Ergebnisse liefert, ist eine reine Buchstabencollage aus Zeitungs- und Zeitschriftenmaterial. Ein Schülerbeispiel finden Sie im Zusatzmaterial.

Schwierigere Variante 1: Die Aufgabe kann für leistungsstärkere Schüler komplexer angelegt werden. So können die Buchstaben nicht nur parallel zum Bildrand, sondern auch diagonal angeordnet und zusätzlich mit vielfältigen Mustern gestaltet werden. Eine weitere Variante ist die Gestaltung des Umfelds, während die Buchstabenformen frei bleiben. Eigenständige Schüler benötigen keine genaueren Vorgaben. Lassen Sie die Schüler selbst experimentieren. Sie können mit der Schablone frei gestalten, solange die Darstellung abstrakt bleibt.

Schwierigere Variante 2: Ein einfacher, aber aussagekräftiger Spruch kann gestaltet werden, z. B.: „Sei du selbst!" Bei einem solchen Satz wird nun auch der Wortabstand relevant sowie die lesbare Platzierung im Format. Dabei sollte der Textinhalt durch die Form des Layouts interpretiert werden.

Schwierigere Variante 3: Es werden Fruchtschablonen ausgeschnitten und vielfältig eingesetzt (Schablonenvorlage siehe Zusatzmaterial, Format: DIN A3).

UNTERRICHTSPROJEKT 2:
Komposition mit selbst gemachten Farbschablonen (Kl. 7–10)

Dynamische Komposition

Damit eine dynamische Komposition entsteht, werden spitzwinklige Dreiecke als Grundformen gewählt.

Einfache Farbharmonie

Hier wird mit der einfachen Farbharmonie nach Johannes Itten gearbeitet. Das Konzept ist bestens geeignet für eine schnelle und gut funktionierende Farbgestaltung.
Über reine Buntfarbenschablonen legen die Schüler eine Grau- bzw. Schwarzschablone. Durch die neutralen Schwarz- oder Grauflächen entstehen optische Puffer, die jede Farbkombination so miteinander verbindet, dass sie harmonisch wirkt. Zusätzlich bringt das neutrale Schwarz/Grau die Buntfarben zum Leuchten.

Möglichkeiten der Kombination

Die Ergebnisse können zerschnitten und neu angeordnet werden. Besonders einfache Reihungen funktionieren gut.
Durch das Zusammenfügen mehrerer Schülerarbeiten entstehen große Wandbildcollagen für den Klassenraum. Dafür bietet es sich an, die Formate zu vergrößern und auf DIN A3 zu arbeiten.

Differenzierung:

Schwierigere Variante: Anstelle der spitzen Dreiecke werden ellipsenförmige Flächen ausgeschnitten.
Das Bild wird nach Fertigstellung in acht gleiche Felder eingeteilt. Diese acht Felder werden ausgeschnitten und so lange gedreht und verschoben, bis eine interessante Kombination entsteht. Zum Aufhängen an der Wand wird die Zusammenstellung auf einen passenden Untergrund aufgeklebt.

UNTERRICHTSPROJEKT 3:
Komponieren mit Wellpappe (Kl. 7–10)

Schichten

Wellpappe besteht aus verschiedenen Schichten, die einzeln abgetragen und bearbeitet werden können. Dabei ist Wellpappe nicht gleich Wellpappe. Es gibt Pappen, deren oberste Schicht sich leicht und präzise abreißen lässt, andere dagegen sind stärker verklebt. Auch die Wellenschicht kann ganz unterschiedlich ausfallen. Es sollte also nicht nur eine Pappenart verwendet, sondern eine Materialsammlung angelegt werden.

Oberfläche und Relief

Dort, wo die Wellpappe aufgerissen ist, entsteht je nach eingesetztem Werkzeug und Pappe eine vielfältige Oberfläche, welche mit der glatten, unbearbeiteten kontrastiert.

Auf der bearbeiteten Oberfläche erzeugt die Farbe beim Anstrich eine interessante Materialität. Dadurch, dass verschiedene Schichten freigelegt sind, kann die Farbe verschieden tief eindringen. Das aufgerissene Material der Wellpappe saugt die Farbe gegenüber der Oberfläche stärker auf, sodass sich an diesen Stellen die Pigmente verdichten. Insgesamt entstehen vielfältige Nuancen, die die Plastizität des Reliefs weiter differenzieren. Der Farbauftrag selbst sollte jedoch nicht zu stark variiert werden, da der Aufgabenschwerpunkt auf den Formen und der Komposition liegt.

Groß-klein-Kontrast und Akzentuierung

Durch den ockerbraunen Ton der Wellpappe entsteht eine harmonisierende Tonigkeit, die die Kombination der Buntfarben erleichtert. Insgesamt aber können die Farben möglicherweise zu gedeckt wirken. Durch kleine, mit Deckweiß untermalte und dadurch stärker leuchtende Elemente entstehen in der Komposition Akzente, die dezentrale Schwerpunkte setzen.

Malereikonzepte

In diesem Zusammenhang können zwei grundlegende Malkonzepte gegenübergestellt werden: Malerei auf farbigen Kontrast (Komplementärkontrast) vs. Valeur- bzw. Tonmalerei (mit starkfarbigen Akzenten auf der Basis einer einfachen Farbharmonie).

Beide Konzepte können schnell mit bereits hergestellten Platten demonstriert werden. Ein Arbeitsblatt dazu finden Sie im Zusatzmaterial.

Differenzierung:

Einfachere Variante: Man gibt ein kleineres Format vor und lässt die Schüler eine Serie verschiedener kleiner Kompositionen anfertigen. Davon werden drei ausgesucht und seriell präsentiert.

Schwierigere Variante: Für diese Variante können alte, bereits als Unterlage oder Ähnliches verwendete Pappen benutzt werden, die im DIN-A5-Format zugeschnitten werden. Des Weiteren wird ein Kleister im Verhältnis 1:5 angesetzt. Die Arbeit findet am besten draußen statt, da die Pappen mit unterschiedlichen Naturpigmenten (Sand, Erde, Torf usw.) beklebt werden. Um den Reliefcharakter zu verstärken, kann zusätzlich Gips zum Einsatz kommen.

Zwei Farbpigmente, wie z. B. Zitronengelb oder ein kalter Blauton, dienen dazu, Akzente zu setzen. Nach dem Trocknen sollten die fertigen Pappen gut abgeschüttelt werden, bis kein Material mehr abfällt.

Für die weitere Verarbeitung zu einer Collage können die Pappen auf der Rückseite mit einem Cutter eingeschnitten und gebrochen werden. Die Schüler collagieren die Pappen auf einem weißen Karton. Mithilfe von zwei farbigen Tonpapieren, die homogene Farbflächen liefern, lässt sich zwischen den schrundigen Materialpappen und der industriellen Glätte und Homogenität der Papiere ein spannungsvoller Kontrast erzeugen. Kompositorisch sollte auf Rasterbezüge geachtet werden, farblich auf Komplementärkontrast.

Experimentelles Entwerfen

Die Schüler gestalten die einzelnen Bildelemente in einem ersten Arbeitsschritt separat und stellen sie dann in einem zweiten Arbeitsschritt auf dem Trägerblatt zusammen. Dabei liegt die Konzentration ganz auf der Kombination und Komposition der Bildelemente. Elemente, die nicht passen, lassen sich problemlos austauschen. So lernen die Schüler, dass Bilder – und vor allem die Collage – Resultate eines Entwicklungsprozesses sind und nicht nur ein Schnappschuss, der die Objekte für die Erinnerung festhält. Sie sehen, dass komplexe Bezüge zwischen den Elementen aufgebaut werden können. Diese Bezüge lassen sich durch Form und Farbgebung verstärken.
Aber auch bei der Gestaltung von erzählerischen Zusammenhängen hilft die Collage, inhaltliche Symbolzusammenhänge und Pointierungen zu entwickeln. Aus der additiven Assoziation wird die bewusste Bildinszenierung.

Materialien experimentell kombinieren und integrieren

Beim Collagieren wird das, was aufgeklebt wird, abstrakt als Material gesehen. Die Bildidee ist nicht fertig, sondern entsteht erst in der Kombination. Durch das Integrieren in einen Bildzusammenhang entsteht am Ende erneut die Illusion einer ganzheitlichen Bildrealität.

Realismus durch die Abstraktion

Traditionell werden z. B. in der Nachahmung der Natur die Wirklichkeit der Beobachtung angepasst und entsprechende Bildmittel verwendet, um den persönlichen Eindruck wiederzugeben.
Mit der Fotografie ist jedoch ein Verfahren hinzugekommen, das die Wirklichkeit absolut richtig abbilden kann und die Zeichnung und Malerei vom Anspruch der Naturtreue befreit.
Das öffnet den Blick auf die Materialität und ihr abstraktes Potenzial. Interessanterweise finden die Malerei und die Grafik durch die materielle Abstraktion wieder zurück zu einem Realismus, der bruchstückhaft bleibt und nur Bildthemen oder -symbole aufgreift, um sie zu verfremden. Die Grundlage dazu liefert die Collage.

Das Überraschende sehen, das Unerwartete denken

Das Konventionelle, d. h. das, was man bereits kennt, ist leicht wahrnehmbar. Es ist aber auch möglich, das Sehen von Unerwartetem und Überraschendem zu trainieren. Nachdem man erkannt hat, was zu erwarten ist, macht man einfach das Gegenteil. Die Herausforderung liegt darin, das Unpassende nicht als Fehler, sondern als spannende Kombination zu sehen.
Der Zufall ist dagegen nicht so einfach zu inszenieren, wenn er Zufall bleiben soll. Wer mit dem Zufall arbeiten will, muss Frustrationstoleranz mitbringen. Im Gegenzug allerdings bringt der Zufall den meisten Spaß.

UNTERRICHTSPROJEKT 1:
Mit Collage Bilder entwickeln – Fremde Planeten (Kl. 7–8)

Kontrast

Bildnerisch muss klarwerden, dass sich die Aliens von dem Planeten und seinen Bewohnern deutlich unterscheiden. Dies kann durch Formkontrast (groß/klein, rund/eckig), aber auch farblich durch Komplementärkontrast (rot/grün) gezeigt werden.

Komposition

Für die Gestaltung bietet sich eine dynamische Diagonalstruktur an. Worauf dabei zu achten ist, wird im Absatz 1.1: Kompositionslinie und Großstruktur (siehe Seite 41) beschrieben.

Raumgestaltung

Drei einfache Mittel der Raumgestaltung sollen eingesetzt werden: Vorder-/Mittel-/Hintergrund, Überschneidungen und das Prinzip groß = vorne, klein = hinten. Sie können das mithilfe bereits ausgeschnittener Elemente an einer Pinnwand demonstrieren. Lassen Sie die Schüler die unterschiedlichen Wirkungen durch Arrangieren, Austauschen und neue Kombinationen ausprobieren.

Inszenierung

Zu Beginn sammeln die Schüler Ideen, wie sie mit den o. g. Gestaltungsmitteln spannende Bilder inszenieren können. Ist das Alien z. B. ein großes, gefährliches Monster, das die kleinen Planetenbewohner bedroht? Welche Kontraste wären dann einzusetzen? Oder tritt es freundlich auf und schließt Freundschaft mit den Planetenbewohnern? In diesem Fall müsste das Gemeinschaftliche der an sich verschiedenen Wesen dargestellt werden, z. B. kompositorisch durch die Ausrichtung auf die vertikale Mittelachse. Die Aliens stehen sich gegenüber, geben sich aber die Hand.

Interessant sind aber vor allem räumliche Inszenierungen im Vorder-, Mittel- und Hintergrund. Der Betrachter könnte z. B. hinter dem Alien im Raumschiff sitzen, ihm über die Schulter schauen und gemeinsam den in der Ferne auftauchenden Planeten betrachten.

Spritztechnik

Die Sternengruppen im Hintergrund können mit Pinsel und Deckweiß gespritzt werden, nachdem die wichtigsten Teile vorher mit Schablonen aus 60-g-Druckerpapier abgedeckt worden sind. Das leicht transparente 60-g-Druckerpapier eignet sich gut, da es das Abzudeckende durchscheinen lässt.

Benotung einzelner Phasenergebnisse

Zwischen der Entwurfscollage und der Reinzeichnung kann ein anderes Unterrichtsprojekt eingeschoben werden, damit nicht zu lange am selben Projekt gearbeitet wird. Alle Projektteile werden dann einzeln benotet.

Differenzierung:

Schwierigere Variante: Eine Schlacht im All zwischen verschiedenen Alienraumschiffen kann Thema für eine schwierigere Variante sein. Dabei wären Raumschiffe mit einer gewissen aggressiven Formensprache (spitzwinklige Dreiecke = „Messerform“) zu gestalten. Möglichkeiten der Explosionsdarstellung, z. B. mit „Speedlines“, müssen recherchiert werden. Auch die Anforderungen an eine dynamische Komposition und eine dramatische Rauminszenierung, die den Betrachter ins Geschehen hineinzieht, sind anspruchsvoll.

UNTERRICHTSPROJEKT 2:
Eine gestaffelte Landschaft entwickeln (Kl. 7–10)

Grundlagen:

Horizont

Das zentrale Element für ein Landschaftsbild ist der Horizont. Der Horizont ist eine Linie zwischen Himmel und Erde, wobei diese, das ist wichtig, auf Augenhöhe des Betrachters liegt. Alles, was über den Horizont hinausgeht, ist größer, alles darunter ist kleiner als der Betrachter. Dies gilt auch für Bildelemente, die in der Entfernung zu sehen sind. Aus der Höhe des Horizonts ergeben sich zwei psychologisch unterschiedliche Perspektiven.

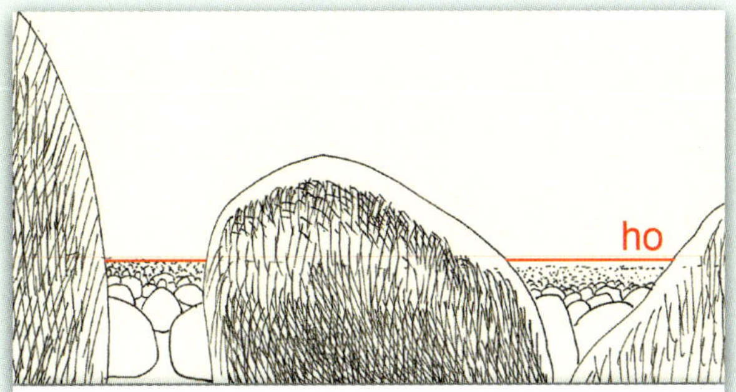

Froschperspektive

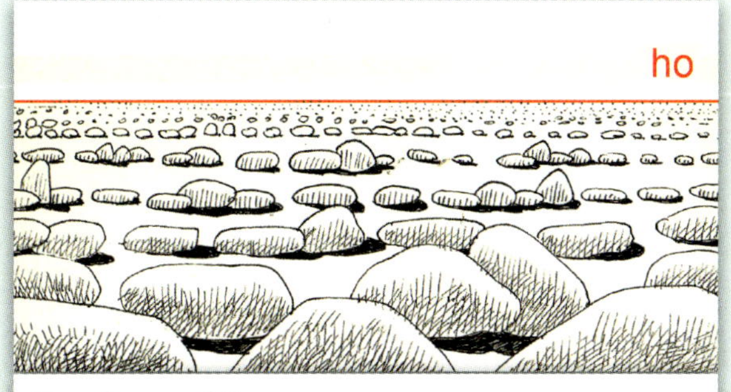

Vogelperspektive

Vorne wenige große Elemente, hinten viele kleine

Das Prinzip *vorne, unten = groß* und *hinten, oben = klein* kann dahin verstärkt werden, dass auch die Anzahl der Bildgegenstände nach hinten deutlich höher wird.

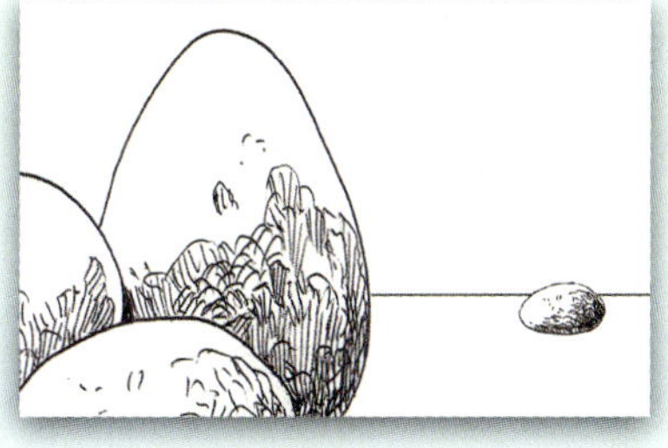

Repoussoir-Figuren

Große Figuren, z. B. große Steine, die im Vordergrund stehen und deutlich über den Horizont hinausgehen, bauen eine Vergleichsgröße auf und lassen kleine Figuren im Hintergrund weit weg wirken.

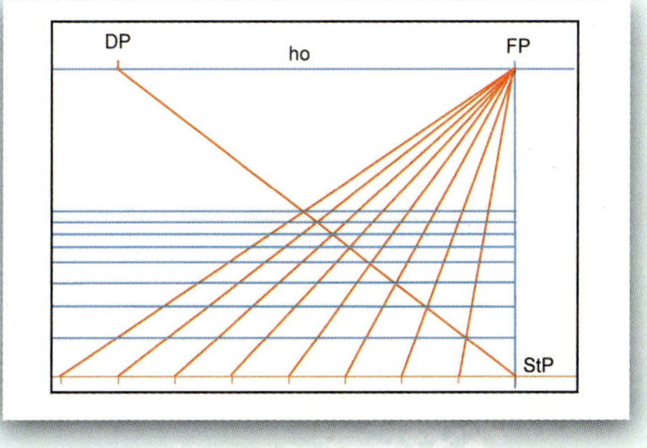

Perspektivische Verkürzung

In der zentralperspektivischen Konstruktion, bezogen auf einen Fluchtpunkt (FP) über den Betrachterstandpunkt (StP) und einen Distanzpunkt (DP), zeigt sich, dass horizontale Linien zum Horizont (ho) hin immer enger zusammenlaufen. Im Raum bedeutet das, dass sich die Flächen nach hinten verkürzen und immer weniger eingesehen werden können.

Farbperspektive

Farben „verblauen“ in der Ferne durch den Dunst, der über einer Landschaft liegt. Blau ist also eine Raumfarbe. Rot und Orange sind Körperfarben, die nach vorne drängen.

Tipps zum experimentellen Farbauftrag

Die Landschaftsstreifen können mit Pinseln, Schwämmen oder mit aus Pappe zugeschnittenen Spachteln bemalt werden. Neben einer Grundfarbe bieten sich weitere Farben an, die durch Mischen der Grundfarbe mit benachbarten Farben aus dem Farbkreis zusammengestellt werden. Der Farbauftrag kann lasierend oder pastos sein und mehrfach mit den leicht variierten Farben wiederholt werden.

Differenzierung:

Schwierigere Variante 1: Die Silhouetten können zu komplexeren Landschaften ausdifferenziert werden, bei denen Bäume und Felsen motivisch im Vordergrund stehen. Ein solches Projekt kann allerdings ziemlich aufwendig sein und eignet sich eher für eine Projektwoche. Ein Beispiel hierzu und Vorlagenmaterial zum Üben von Baum- und Felszeichnungen befindet sich im Zusatzmaterial.

Als Begleitthema bieten sich die Landschaften der Romantik und ihre Naturideologie an. In diesem Zusammenhang kann überlegt werden, wie die Bildsprache der Romantik durch das Einfügen geeigneter Störelemente ironisiert werden kann.

Schwierigere Variante 2: Die Schüler arrangieren Vorder-, Mittel- und Hintergrund an dünnen Holzstäben oder Pappstreifen und gestalten so ein hintereinander gestaffeltes Papiertheater. Bildelemente, die in den jeweiligen Kulissen bis an den oberen Rand reichen, ermöglichen das Aufhängen, versetzte Ausschnitte in den Kulissen lassen die dahinterliegenden Ebenen erkennen. Für den Bau der Bühne bietet sich dicke Wellpappe an, wobei die zugeschnittenen Pappwandteile entsprechend eingeschnitten und zusammengesteckt werden.

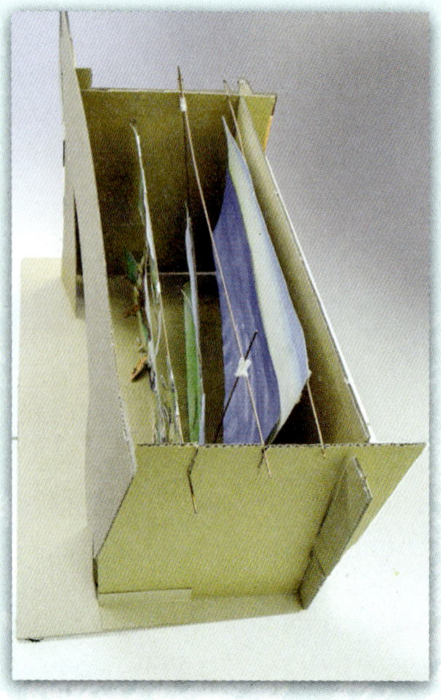

Schwierigere Variante 3: Der Schwierigkeitsgrad lässt sich weiter erhöhen, indem die Landschaftselemente durch Architektursilhouetten ersetzt werden. Die Schüler recherchieren dazu unterschiedliche Hausfassaden, um Stilkontraste, z. B. alt und neu, einzubauen. Für die Fassadengestaltung starten die Schüler am besten mit einem Raster. Ein Beispiel finden Sie im Zusatzmaterial.

Wichtig ist, dass die Schüler keine Fluchtpunktperspektiven zeichnen, sondern nur mit Überschneidungen und Groß-klein-Kontrasten Räumlichkeit erzeugen.

Große Proportionsfiguren im Vordergrund (z. B. Straßenlampen) schaffen ebenfalls Tiefe, sie können wiederholt und dabei stufenweise verkleinert werden.

UNTERRICHTSPROJEKT 3:
Ein Carracci-Porträt karikieren (Kl. 9–10)

Drei Analyseskizzen als Vorlauf

Annibale Carracci (1560–1609) war ein frühbarocker italienischer Maler, der ein umfangreiches zeichnerisches Werk hinterlassen hat. Das hier vorgestellte Porträt des Lautenspielers Mascheroni wird in der Albertina in Wien aufbewahrt. Sie finden das Bild im Zusatzmaterial. Sie können dem Unterrichtsprojekt mehr formale und inhaltliche Tiefe geben, indem Sie folgende kurze Aufgaben zur Analyse des Porträts im Vorfeld mit der Klasse bearbeiten. Die Reihenfolge ist dabei nicht wichtig.

MATERIAL *Fotokopien des Carracci-Porträts in DIN A4 (für jeden Schüler drei Kopien), roter Buntstift, Lineal, Arbeitsblatt*

9-Felder-Schema

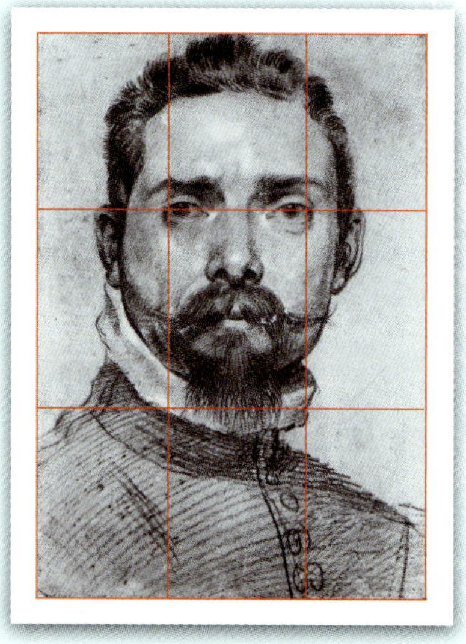

Die Schüler zeichnen das 9-Felder-Schema in eine der Kopien ein. Aufgrund der Aufteilung wird deutlich, dass die Augen auf die kompositorisch wichtigen oberen Schnittpunkte und die Nase sowie der Mund auf das zentrale Feld ausgerichtet sind. Dadurch wirkt die Person im Porträt dominant, aufmerksam und ruhig. Die Kopfhaltung in dieser Position drückt Macht und Kontrolle aus.
Das 9-Felder-Schema beruht auf dem Prinzip des Goldenen Schnitts, mit dem Flächen harmonisch aufgeteilt werden können.

Bildachsen

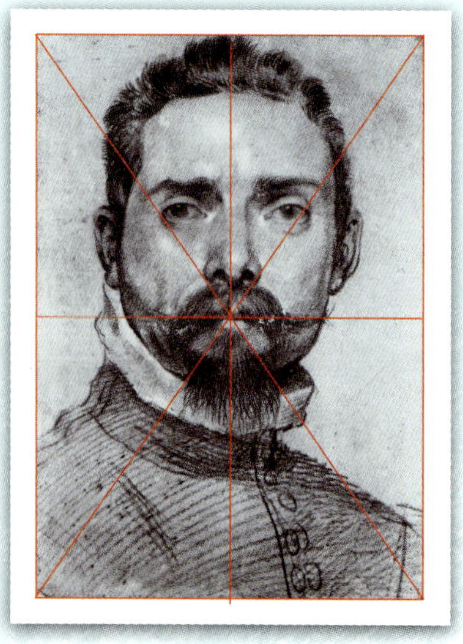

Die Schüler zeichnen in eine neue Kopie die vier Bildachsen ein. Die Bildachsen zeigen, dass sich der Bildmittelpunkt genau auf dem Mund des Dargestellten befindet. Der Mund bekommt so als Kommunikationsträger eine besondere Bedeutung.

Formbezüge

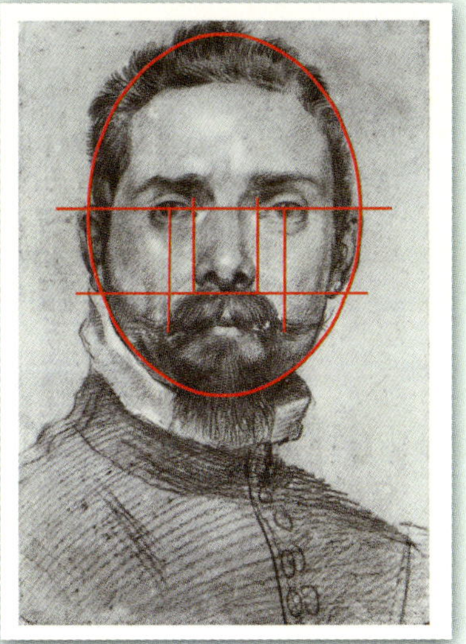

Zunächst wird um den Kopf eine Ellipse gezogen und dann nach der Vorlage die wesentlichen Formbezüge in das Porträt eingezeichnet:

- Die Augen liegen auf der Mittellinie des Kopfes.
- Die Tränendrüsen liegen auf der vertikalen Linie zusammen mit den Nasenflügeln.
- Die Pupillen liegen auf vertikalen Linien mit den Mundwinkeln.
- Die Ohren liegen zwischen der Augenlinie und einer horizontalen Linie unter der Nase.

Auf der Basis dieser Hilfslinien lassen sich realistisch proportionierte Gesichter darstellen.

Verzerrung und Groteske

Die Harmonie der Vorlage wird aufgelöst und ins Groteske verzerrt. Bei der Gestaltung wird geübt, das Groteske zu sehen und Ideen für die Verzerrung zu finden. Humor entsteht besonders dadurch, dass die Dominanz und der Machtanspruch des Dargestellten ins Gegenteil verkehrt werden.
Ein einfaches Mittel, den Kopf kleiner und unbedeutender wirken zu lassen, ist, ihm einen größeren Raum nach oben zu geben. Der filmische Fachbegriff für diesen Raum ist „Headroom".

Zerstören und wieder zusammensetzen

Bei dieser Aufgabe wird eine Bildrealität zerstört und wieder zu einer neuen Bildrealität zusammengesetzt, ein zentrales Prinzip bei allen Collageverfahren. Durch das Zusammensetzen entsteht eine neue Bedeutung, die geprägt ist von Ironie und Absurdität. Damit die Karikaturen eine größere Bildeinheit bekommen, lohnt es sich, sie vor dem Überzeichnen vergrößert auf DIN A3 zu kopieren.

Differenzierung:

Einfachere Variante: Um die Aufgabe zu vereinfachen, kann der Teil, in dem die Lücken in der Collage durch Bleistiftzeichnung geschlossen werden, weggelassen werden. Stattdessen versucht der Schüler, die Form möglichst komplett mit ausgeschnittenen Teilen zu schließen.

Schwierigere Variante: Die Schüler collagieren zwei möglichst unterschiedliche Charakterköpfe und stellen sie einander gegenüber. Es wird ein Kontrast im Bild hergestellt: ein Prinzip, das oft in Bildern verwendet wird. Diese Variante können Sie zur Binnendifferenzierung verwenden, wenn leistungsstarke Schüler bereits einen Kopf fertig haben.

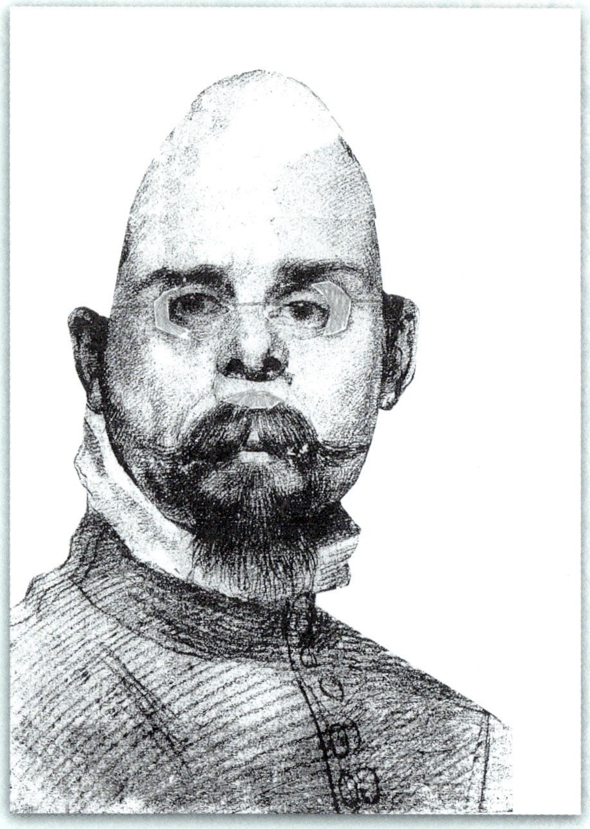

UNTERRICHTSPROJEKT 4:
Frottage überzeichnet – Insekten in Großaufnahme (Kl. 7–8)

Frottage

Beim Frottieren werden mit einem Stift und transparentem 60-g-Druckerpapier Materialoberflächen von Wänden, Böden und anderen Objekten abgenommen. Die Schüler bekommen dadurch eine neue Sicht auf die Umwelt und werden zu Entdeckern und Sammlern. Sie beginnen, die Welt haptisch zu sehen. Da man vorher nicht weiß, wie die Fläche frottiert aussieht, ist der Frottagevorgang spannend.

Um einen Überblick über die gesammelten Frottagen zu behalten, sollten die Schüler jedes Blatt mit Material/Typ und Ort beschriften und in einer Mappe, die sie aus einem gefalteten Zeitungsblatt herstellen, sammeln. Jede Mappe wird mit dem Namen des Schülers versehen.

Recherche

Um von eher schematischen, klischeehaft vereinfachten Insektenformen wegzukommen, können die Schüler im Vorfeld Insektenfotos recherchieren, die sie ausgedruckt für den Einstieg in das Projekt mitbringen. Auf Plakate geklebt und an der Wand des Kunstraumes befestigt, dienen sie den Schülern als Studienobjekte.

Die Insekten wirken besonders durch die Vergrößerung fremd und gefährlich. Es ist der Reiz der Aufgabe, aber eben auch ihr Anspruch, dass die Schüler Tiere gestalten, mit denen sie sich nicht identifizieren. Ein störender Identifikationsträger kann das Auge sein, das oft zu vermenschlicht dargestellt wird. Insekten haben allerdings Facettenaugen ohne „Blick“. Darauf sollte hingewiesen werden, damit keine süßen Comicfiguren entstehen.

Dreieckformen vs. Rundformen

Während die Körper der Insekten aus Ovalen bestehen, sind ihre Werkzeuge (Sauger, Zangen, Greifer usw.) eher dreieckig. Diese Dreiecksformen sind spitz, wirken aggressiv und bauen einen interessanten Kontrast zu den Rundformen auf, die in sich geschlossen und voluminös wirken.

Groß-klein-Kontrast

Während die Insekten große Hinterleibe haben, sind die Köpfe eher klein. Durch die Zangen, Mundwerkzeuge usw. wirken sie gefährlich. Der kleine, gefräßige Kopf, der fehlende Blick und der dicke Hinterleib lassen das Insekt als Monster erscheinen.

Proportionen

Bei der Vergrößerung müssen die Schüler auf die richtigen Proportionen achten. Dazu übertragen sie die Größenverhältnisse der Vorlage auf die Vergrößerung. Beispiel: Der Kopf passt siebenmal in den Hinterleib oder ein Bein ist so lang wie der Hinterleib usw.

Plastizität

Die Prinzipien der plastischen Darstellung, insbesondere eines Insektenkörpers, sollten anhand der Arbeitsblätter (siehe Zusatzmaterial) besprochen werden.

Verzerrt-groteske Darstellung

Die Formen vor allem des Kopfes und der Zangen müssen grotesk wirken. Der Kopf trägt Fühler, der Körper ist ein Panzer. Die Proportionen des Körpers im Verhältnis zu Kopf und Beinen sind verzerrt. Besonders in der Proportionierung liegt ein hoher Anspruch der Gestaltungsaufgabe, da Schüler dazu neigen, auszugleichen und zu harmonisieren.

Ornamentale Anordnung und Gestaltung

Die Insekten bestehen aus Formen, die aneinandergesetzt erscheinen. Sie bilden auf dem Blatt eine vielfältig gegliederte, ornamentale Gesamtform, die zunächst als Konturzeichnung realisiert wird. Die Frottagen werden in den Flächen aufgeklebt und rhythmisieren diese durch ihre Musterungen. Dazu schaffen sie eine interessante Materialtextur für die weitere Ausarbeitung.

Differenzierung:

Leichtere Variante 1: Fällt dem Schüler das Zeichnen der Insekten in Schritt 1 schwer, kann er die Teile mit dem 60-g-Druckerpapier abpausen und als Collage zusammensetzen.

Leichtere Variante 2: Hat der Schüler Schwierigkeiten mit der Vergrößerung der Insekten, kann er die Vorlagenblätter (Zusatzmaterial) am Kopierer vergrößern und die Tiere ausschneiden, neu zusammensetzen, aufkleben und mit Frottage weitergestalten.

Schwierigere Variante: In Form eines größeren Projekts in Partnerarbeit (Kl. 9–10) können die Insekten aus Pappmaschee nachgebaut werden. Als Grundformen eignen sich verschieden große Luftballons, die mit dreilagig geklebtem Pappmaschee überzogen werden. Der Kleister wird im Verhältnis 1:5 angemischt. Nach dem Trocknen werden die Ballonformen zurechtgeschnitten und zusammengesetzt. Kreppband stabilisiert die Form, bevor mit einer weiteren Schicht Pappmaschee die Klebestellen kaschiert werden. Als Beine und Fühler eignen sich in der Natur gesammelte Äste und biegsame Weidenruten. Um den Insekten Halt zu geben, werden sie auf grüne Festschaumplatten gesteckt. Die Tiere sollten nicht zu groß werden, damit die Schüler nicht durch den Aufwand den Spaß an der Sache verlieren.

UNTERRICHTSPROJEKT 5:

Vier Ansichten einer Raumecke (Kl. 9–10)

Zufallsprinzip

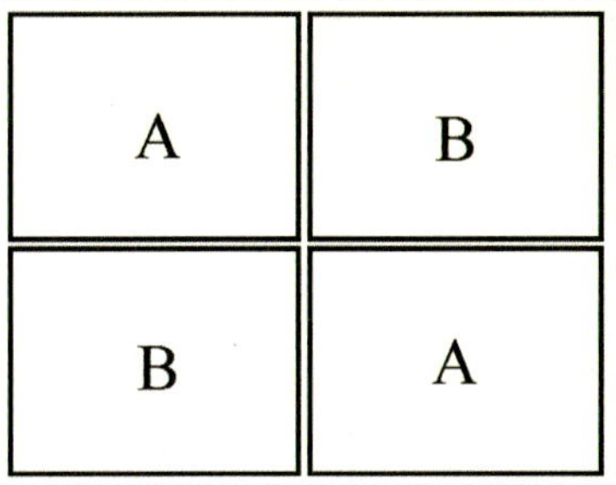

Die Herausforderung dieses Unterrichtsprojekts liegt darin, dass die beiden Schüler, die in Partnerarbeit zusammenarbeiten, anfangs nicht wissen, worauf die Arbeit hinausläuft bzw. wie die Bilder am Ende kombiniert werden. Erst nach Fertigstellung der Zeichnungen sollen sie die möglichst wirkungsvollste Kombination finden.
Dazu sollten sich die Schüler mit einer Raumecke auseinandersetzen, die chaotisch wirkt und die durch ihren Detailreichtum nicht so einfach abzuzeichnen ist. Gut geeignet sind geöffnete Materialschränke. Sie als Lehrer sollten darauf achten, dass die Schüler das Angebot nicht reduzieren oder ausgewählte Gegenstände inszenieren.

Geschlossene und offene Bildform

geschlossene Bildform

offene Bildform

In einem geschlossenen Bild sind alle Motive vollständig im Format abgebildet, wohingegen in der offenen Bildform nur ein Ausschnitt aus einem deutlich größeren Zusammenhang zu sehen ist.
Machen Sie die Schüler auf die unterschiedliche Wirkung der Bildformen aufmerksam. Angeschnittene Bildelemente können beim späteren Zusammenfügen der Zeichnungen interessante Übergänge erzeugen.

Räumlichkeit vor Plastizität

Machen Sie den Schülern bewusst, dass es bei dieser Arbeit nicht wie gewohnt um die Gegenstände geht, sondern um den Raum. Der Raum definiert die Gegenstände durch das Verhältnis von hell und dunkel. In der Zeichnung sollen die Gegenstände aus dem Raum heraus entwickelt werden. Dazu werden die Gegenstände zunächst nur in der Kontur gezeichnet und dann durch das Zeichnen der dunklen Flächen, die sie umgeben, in den Raum integriert. Man arbeitet also vom Dunklen ins Helle und nicht wie beim Schraffieren eines Körperschattens vom Hellen ins Dunkle. Diese Technik wurde im Barock entwickelt. Ein Beispiel des Malers Rembrandt finden Sie im Zusatzmaterial.

Multiple Perspektive

Das Zeichnen eines Motivs aus mehreren Blickwinkeln erzeugt eine Bildkombination, die durch ihre multiple Perspektive den Wahrnehmungsprozess deutlich macht. Ermutigen Sie Ihre Schüler, sich zum Zeichnen auch auf den Tisch zu setzen oder andere ungewöhnliche Positionen einzunehmen. Die Zeichnungen sollten auf jeden Fall nach der Natur entstehen und nicht von Fotos abgezeichnet werden, die den Raumeindruck wieder ins Zweidimensionale reduzieren.

Differenzierung:

Leichtere Variante: Fällt dem Schüler das Zeichnen schwer, kann er die ausgewählte Ecke aus verschiedenen Blickwinkeln mit dem Fotoapparat festhalten und dann die Fotos seriell angeordnet zu einer Collage zusammenstellen.

2 Collage zwischen ABSTRAKTION und NARRATION

2.1. Abstrahierende bzw. abstrakte Collagen

Materialität und Materialkontrast

In der Auseinandersetzung mit der Fotografie begann die Malerei am Anfang des 20. Jahrhunderts experimentell ihre eigenen Bildmittel zu erkunden, die nun frei davon waren, die Realität abbilden zu müssen. Farbmaterial und Farbauftrag kamen in den Fokus der Gestaltung. Braque, Gris und Picasso fingen an, die klassischen Farbmaterialien mit bedruckten Papierfragmenten zu bekleben. Schwitters kombinierte unterschiedlichste Materialien und Objekte.
Die gemalten Bilder wuchsen in die Dreidimensionalität. Die verschiedenen Bildrealitäten, z. B. die illusionistische der malerischen Darstellung und die konkrete des integrierten realen Objekts, wurden kontrastiv gegeneinandergesetzt.
Mit der Zeit verselbstständigte sich das Verfahren ganz und die Materialien sprachen nur noch für sich. Die Bilder wurden abstrakt, d. h., sie illustrierten keine Geschichten mehr und nahmen auch keinen Bezug mehr auf andere Bilder.
Die Kombination von Material in Form und Farbe wird mittlerweile ohne weiteren Symbolbezug vor allem ästhetisch erlebt. Diese Ästhetik zu sehen, kann gelernt werden.

Bilder fragmentieren und verschränken

Wenn Schüler zum ersten Mal die Aufgabe gestellt bekommen, z. B. aus Zeitschriftenbildern eine Collage zu erstellen, fällt es ihnen oft schwer, bestehende Bildeinheiten aufzubrechen und ursprüngliche Sinnzusammenhänge zu zerstören. Gerade dadurch wird eine Collage aber erst richtig interessant. Nur so können die Bildelemente frei werden für neue, unpassende, aber verblüffende Kombinationen.
Die Kombinationen entstehen durch Verschränkung der isolierten oder beschnittenen Bildelemente. Die Schüler müssen lernen, die Originalität der Formbezüge zu sehen. Haben sie diese Sichtweise für sich entdeckt, macht das Suchen nach besonders originellen Kombinationen sehr viel Spaß.

Prinzip Zufall

Collage bedeutet immer zunächst die Zerstörung des Vorgefundenen. Dies gilt ganz besonders für die Decollage, bei der vorher übereinandergeklebte Bildschichten auf- und abgerissen werden. Der Prozess der Zerstörung wird dabei zum entdeckenden Prozess, der in der Zerstörung Neues freilegt. Besonders in der Decollage wird deutlich, welchen Stellenwert der Zufall hat, da er absolut nicht planbar und nicht gestaltbar ist. Von Gestaltung kann man hier sprechen, wenn der Prozess der immer neuen Zerstörung und zufälligen Kombination gestoppt wird, weil das Auge im Bild genug Qualitäten erkannt hat.

UNTERRICHTSPROJEKT 1:
All over – Experimentelle Malerei mit Schablonen und Collage (Kl. 9–10)

Auswahl von drei harmonierenden Farben

Farben, die im Farbkreis in einem gleichseitigen oder gleichschenkligen Dreieck liegen, bilden nach Johannes Itten eine Farbharmonie. Ein Bild wirkt demnach harmonisch, wenn die Rot-, Gelb- und Blauanteile im Bild gleichmäßig verteilt sind. In der Praxis lässt sich das überprüfen, indem man die vorhandenen Hauptfarben in den Farbkreis einordnet. Bilden diese ein entsprechendes Dreieck, ist das Bild harmonisch. Dominiert ein Farbbereich zu stark, muss das Bild durch einen größeren Anteil der beiden Gegenfarben harmonisiert werden.

Damit die Schüler ihre Farbauswahl nach dem Farbkreis mischen und überprüfen können, hängen Sie entweder einen ausgedruckten Farbkreis (Achtung: Hier können Farbprofile von Monitoren und Druckern die Farben verfälschen!) an die Wand oder lassen die Schüler im Vorfeld einen eigenen erstellen.

Serielles Prinzip

Um zu vermeiden, dass sich die Farben beim Auftragen ungewollt vermischen und dadurch schmutzig grau werden, müssen die einzelnen Farbschichten gut durchtrocknen, bevor die nächste aufgetragen wird. Arbeiten die Schüler an einer Bildreihe, können sie das nächste Bild weitergestalten, während das vorherige trocknet. Oft ergeben sich neue Ideen, wenn mit etwas Abstand die Arbeit am vorherigen Bild fortgesetzt wird. Am Ende des Prozesses wählen die Schüler drei Bilder aus, die ihnen am besten gefallen, und kleben sie auf einem weißen Trägerblatt auf. Das verstärkt die Wirkung der Bilder.

Farbauftrag und Textur

Der Farbauftrag ist ein wesentliches Gestaltungsmittel. Er kann lasierend, halbdeckend oder pastos mit Pinsel, Papierspachtel, Schwämmen oder den eigenen Händen aufgestrichen, gespritzt, durchgedrückt, aufgepastet oder gedruckt werden. Neben dem seriellen Arbeiten eröffnet das Drehen des Bildes immer wieder neue Perspektiven. Während des Prozesses gibt es zunächst kein Oben und Unten, Rechts oder Links. In dem Unterrichtsprojekt soll keine Homogenität angestrebt werden, sondern eine möglichst vielfältige Textur.

Farbe aufbauen

Eine experimentelle Malerei sollte nach und nach aufgebaut werden. Komplexität entsteht erst langsam durch vielfältige Überlagerung durchgetrockneter und wieder übermalter Farbschichten. Deckweißabmischungen helfen dabei, mehr Farbkörper zu bilden. Sie werden durch Lasuren subtil getönt.

Schablonen

Während der Arbeit mit experimentellem Farbauftrag fehlen den Schülern oft nach einiger Zeit die Ideen für weitere Variationen, da immer gleiche Gesten und Werkzeuge verwendet werden. Zudem bleibt die Komposition oft zu diffus. Hier helfen Schablonen mit ihren klaren Formen weiter. Schablonen decken das Bild während des Farbauftrags teilweise ab und lassen nur ungefähr erahnen, wie das Ergebnis wirken wird. Dieses Zufallsprinzip ist spannend und produziert überraschende Effekte. Schablonen in Form von Zahlen, Buchstaben oder anderen Figuren integrieren Motive, die eine neue Bedeutung erzeugen können, wenn das Bild zu abstrakt wird.

Frustrationstoleranz

Die experimentelle Malerei bringt eine Menge Spaß, kann aber auch frustrieren, da sie im Prinzip ziellos ist. Das Motiv wird nicht sukzessive aufgebaut, bis es fertig ist, sondern immer wieder verändert und übermalt, bis das Bild irgendwann komplex genug ist. Die Schüler müssen lernen, diesen undefinierten Zustand auszuhalten.

Differenzierung:

Leichtere Variante 1: Im Zusatzmaterial finden Sie ein Studienblatt mit zwei Farbklängen und Anwendungen, die den Prozess veranschaulichen und einen leichten Einstieg in die experimentelle Malerei bieten. In dem kleinen Format kann die Malerei gut bewältigt werden. Die Farbklänge zeigen nicht nur die Kombination, sondern auch den Anteil der jeweiligen Farbe an der Gesamtwirkung.

Leichtere Variante 2: Wenn nur wenig Zeit vorhanden ist, aber trotzdem komplexe Ergebnisse erzielt werden sollen, ist schwarze Tusche das Material der Wahl. Tusche lässt sich sehr präzise drucken, monotypieren, mit Schablonen verarbeiten usw. Die Tuscheexperimente, die im Format DIN A5 bleiben sollten, können zusätzlich mit einer Farbe, z. B. Zitronengelb, kombiniert und mit geschriebenen Textfeldern oder einzelnen Schriften ergänzt werden. Entsprechende Beispiele finden Sie im Zusatzmaterial.

Schwierigere Variante: Die oben besprochenen Verfahren können auch dazu verwendet werden, um Collagen aus Papiermaterialien und Zeitschriftenfotos zu gestalten. Im ersten Schritt wird dann nicht gemalt, sondern collagiert.

Fotoausschnitte, vor allem figürliche Darstellungen, pointieren das Bild und sollten nur gezielt eingesetzt werden. Zu viel davon hebt die Wirkung auf. Ebenso verhält es sich mit Text.

Im Zusatzmaterial finden Sie drei Experimentreihen, die Ihnen einen Eindruck vom Herstellungsprozess geben. Es bietet sich an, die Collagen im A4-Format anzulegen, damit verwendete Bilder aus Zeitschriften ihre Wirkung nicht verlieren. Dies empfiehlt sich auch für reine experimentelle Malereien, die in kleineren Formaten dichter und kompositorisch interessanter wirken.

UNTERRICHTSPROJEKT 2:
Eine Landschaft aus nichtlandschaftlichen Bildfragmenten (Kl. 9–10)

Decalcomanie
Die Decalcomanie ist eine Drucktechnik, bei der von einem Druckstock ein einmaliger Druck abgezogen wird (Monotypie). Es entsteht ein spiegelverkehrtes Bild. Aus Kindheitstagen ist die Technik sicherlich noch als Farbabklatsch bekannt. Es geht dabei um eine möglichst vielfältige Texturbildung, wohingegen die klassische Monotypie mit Ölfarben auch gegenständlich verwendet werden kann.

Fantasievolle Analogien erkennen

Durch Zufall entstandene Bildtexturen regen die Fantasie an. Man kann darin Formanalogien zur Wirklichkeit erkennen und aus dem Kontext isolieren. Landschaftliche Motive wie Berge, Felsen, Vegetation erleichtern dabei das Vorgehen, da sie selbst relativ abstrakt sind.

Landschaft

Da die Aufgabe relativ hohe Ansprüche an das abstrakte Sehen der Schüler stellt, sollte die Landschaftsdarstellung selbst eher auf einfachen Prinzipien beruhen. Dazu gehören die Darstellung von Vorder-, Mittel- und Hintergrund, das Arrangieren großer Repoussoirfiguren im Vordergrund usw. Hier können Sie auf die Grundlagen zur Landschaftsgestaltung aus dem UP 2 in Kapitel 1.2 zurückgreifen.

Max Ernst

Zur Bildbetrachtung eignet sich Max Ernsts „Europa nach dem Regen“ von 1942 mit seinen Bezügen auf das kriegszerstörte Europa. Stellen Sie dem Bild Fotos mit Kriegszerstörungen gegenüber und diskutieren Sie die Möglichkeiten der Malerei und der Fotografie, auf eine solche Wirklichkeit zu reagieren.

Differenzierung:

Leichtere Variante: Das Verfahren kann vereinfacht werden, indem die Schüler mit den fertigen Arbeitsblättern (DIN A4 oder DIN A3) aus dem Zusatzmaterial arbeiten. Diese enthalten fertige Decalcomanie-Fragmente, aus denen sie eine Landschaft collagieren. Als Himmel eignet sich ein graues Tonpapier. Die kopierten Fragmente passen gut zu dem Tonpapier und bringen auch in ihrer Materialität differenzierte Ergebnisse hervor.
Das Vorgehen ist auch als Lernerfolgskontrolle oder in einer Vertretungsstunde gut einsetzbar.

Schwierigere Variante: Der Schwierigkeitsgrad lässt sich erhöhen, indem die Landschaften aus Zeitschriftenmaterial gestaltet werden. Durch die erzählerischen Fotos mit ihren starken Bildaussagen wird ein höherer Anspruch an das abstrakte Sehen gestellt. Zeigen Sie den Schülern unbedingt die folgenden drei Bildbeispiele, damit klar ist, wo es hingehen soll.

Die Landschaft soll aus Bildteilen collagiert werden, die nichts mit Landschaft zu tun haben, sondern aus einem ganz anderen Kontext stammen. Sie werden also zu Landschaftselementen verfremdet. Auch hier sollten Figuren nur als Pointen verwendet werden. Ansonsten entstehen Geschichten, für die die Landschaft nur noch die Bühne stellt.

UNTERRICHTSPROJEKT 3:
Bilder aus dem Untergrund: Decollage (Kl. 7–10)

Mit dem Zufall arbeiten

Machen Sie den Schülern zunächst deutlich, dass die Decollage mit dem Zufall arbeitet und sich nicht im Voraus planen lässt. Es besteht durchaus das Risiko, dass beim ersten Anlauf nichts oder nur wenig Überzeugendes herauskommt. Ein ansprechendes Ergebnis ist wahrscheinlicher, wenn Porträts mit ähnlicher Größe verwendet werden. Um entsprechendes Material parat zu haben, sammeln die Schüler im Vorfeld passende Ausschnitte aus Zeitschriften oder erstellen eigene Porträtfotos im DIN-A4-Format. Kopieren Sie diese in ausreichender Menge und stellen sie als Büffetsortiment zur Verfügung.

Im weißen Rahmen präsentieren

Bei der Decollage ist es besonders wichtig, dass die Schüler ihre Arbeit zum Schluss sauber zuschneiden und auf ein weißes Blatt aufkleben, das einen ausreichend großen Rahmen bietet. So wird die Materialität der Decollage zu dem klaren, neutralen Weiß des Blattes in Kontrast gesetzt. Das saubere Ausschneiden dient dazu, die Decollage nach außen zu schließen und präzise abzugrenzen. Die Decollage kann plötzlich als ästhetisches Objekt wahrgenommen werden.

Differenzierung:

Schwierigere Variante: Schüler, die bereits fertig sind, gestalten mit einer Kopie ihrer Decollage ein Zeitschriftencover mit dem Titel: „The Face“. Für das Layout steht im Zusatzmaterial ein roter Rahmen im Stil des Spiegels zur Verfügung. Die Schrift des Titels „The Face“ und eine mögliche Schlagzeile werden vom Schüler entworfen.

UNTERRICHTSPROJEKT 4:
Bilder mit Durchblick – Figuren und Bildhintergründe collagieren (Kl. 9–10)

Das Narrative herausnehmen und verschränkt collagieren

Wie in Erzählungen sind auch in illustrativen Bildern die Figuren die Handlungsträger. Werden sie aus dem Bild herausgeschnitten, bleibt eine Leerstelle zurück. Sie kann in Kombination mit einem anderen Ausschnitt an eine Figur erinnern oder auch nicht. In jedem Fall wird die Symbolik deutlich zugunsten der Form zurückgedrängt und das Material abstrakt gesehen. Diese Übung bringt die Schüler dazu, die zu collagierenden Bilder als unregelmäßig ausgeschnittene Formen zu sehen, die ihren Reiz in der Collage dadurch gewinnen, dass sie miteinander verschränkt werden.

Dezentral komponieren

Um zu vermeiden, dass das Wichtigste immer ins Bildzentrum gesetzt wird, hilft hier das 9-Felder-Schema. Eine dezentrale Diagonalkomposition setzt die Bildteile spannungsvoll zueinander in Bezug.

Differenzierung:

Schwierigere Variante: Wenn die Schüler erkannt haben, dass die Bildformen abstrakt gesehen und ineinander verschränkt werden müssen, können sie auch wieder den symbolischen Bezug der Figuren hinzunehmen. Dabei ist es spannend, bei den Figuren nicht nur Formkontraste, sondern auch Formanalogien aufeinander zu beziehen.

UNTERRICHTSPROJEKT 5:
Ein Porträt kacheln (Kl. 9–10)

Das Gezeichnete verdecken

In dieser Übung wird die Ganzheitlichkeit des Bildes zunächst aufgegeben, damit eine neue, durch den Zufall bestimmte und überraschende Bildauffassung entstehen kann. Dabei werden durch die Schablone alle bereits gezeichneten Teile des Porträts sukzessive verdeckt, sodass nur zusammenhangslose Ausschnitte gezeichnet werden. Bis zum Schluss weiß man nicht, was herauskommen wird. Die besondere Verteilung der quadratischen Ausschnitte stellt eine zusätzliche Herausforderung dar. Entgegen der gängigen Herangehensweise an eine Porträtzeichnung werden hier als Erstes die obere linke und rechte Kopfseite ohne den Mittelteil gezeichnet.

Die Konzentration liegt auf dem jeweiligen Gesichtsausschnitt im Spiegel, der an die betreffende Stelle passen könnte. So entstehen interessante Effekte wie Verdoppelungen oder Größenunterschiede, die manche Gesichtsteile näher erscheinen lassen als andere.

Das Zeichnen nach dem eigenen Spiegelbild dynamisiert den Prozess zusätzlich, da man sich zwangsläufig vor dem Spiegel bewegt und die Ausschnitte nicht wie bei einer Fotovorlage genau festgelegt sind.

In der Bewegung von oben nach unten zeichnen

Durch die sukzessive Bewegung der Quadrate von oben nach unten wird die Ganzheitlichkeit des Selbstporträts zur Rekonstruktionsaufgabe. Hinzu kommt die Bewegung von Quadratausschnitt zu Quadratausschnitt. Man hofft, dass man den richtigen Ausschnitt an die richtige Stelle gesetzt hat. Während das immer komplexer werdende Resultat bis zum Schluss verdeckt bleibt, steigt die Spannung. Am Ende wird der Schüler mit einem doch durchaus ganzheitlichen Porträt belohnt, das mit interessanten Effekten überrascht.

Differenzierung:

Schwierigere Variante: Angelehnt an die Panografie, die David Hockney in seinen Bildern, die er „Joiners“ nannte, entwickelt hat, können eigene Versuche gemacht werden. Dazu benötigt der Schüler Aufnahmen von sich, die ihn aus leicht veränderten Blickwinkeln in einer Position zeigen. Alternativ kann der Fotoapparat an einer Stelle stehen und der Schüler bewegt sich. Die Fotos werden ausgedruckt und (überlappend) zusammengelegt, sodass ein neues Gesamtbild mit interessanten Verzerrungen entsteht. Die entstandene Fotomontage zeigt keine konventionelle Momentaufnahme, sondern einen Bewegungs- bzw. Wahrnehmungsvorgang.

Anstatt die Fotos einzeln auszudrucken, kann mit dem kostenlosen Bildbearbeitungsprogramm Gimp digital gearbeitet werden.

UNTERRICHTSPROJEKT 6
Eine Dose abstrakt (Kl. 9–10)

Abstraktion

Um abstrakt zu denken, kommt die zertretene Getränkedose als Motiv dem Schüler entgegen, da sie bereits in einem deformierten, also zerstörten Zustand vorliegt. Die Dosenfotos werden mehrfach kopiert und stehen allen als Materialpool zur Verfügung. Es soll deutlich machen, dass die Bilder reproduziertes, abstraktes Material sind, was keine Identifikation erlaubt.

Regen Sie Ihre Schüler dazu an, beim Zerschneiden der Kopien den Abstraktionsgrad so weit wie möglich herauszutreiben. Es sollen aus den Fragmenten nicht einfach neue Dosen kombiniert und als Objekt ins Bild gesetzt werden.

Einen weiteren Abstraktionsgrad erreicht das Verfahren, wenn durch einen Sucher ein neuer Bildausschnitt gesucht und ausgeschnitten wird. Das Bild wird so nur noch als Form gesehen und lässt Ausschnitte entstehen, die die Objekthaftigkeit weiter zurückdrängen.

Spannungsvolle Harmonie durch Kontraste

Schüler neigen dazu, sowohl die Formen, als auch die Negativräume zwischen den Formen gleich groß zu machen. Dies entspricht dem allgemeinen menschlichen Bedürfnis nach Ruhe und Ordnung. Doch hier soll Spannung erzeugt werden. Durch das Hinzulegen von deutlich größeren oder kleineren Elementen sowie durch Anschnitte entsteht Spannung in der Komposition.
Bei diesem Prozess können Sie zur Verdeutlichung der Prinzipien auch selbst in die Arbeit der Schüler eingreifen und eigene Elemente einfügen oder wegnehmen. Solange noch nichts endgültig festgeklebt ist, wird die Identifikation des Schülers mit der eigenen Arbeit nicht beeinträchtigt. Sollte er mit Ihrem Eingriff nicht zufrieden sein, kann der Schritt wieder rückgängig gemacht werden. Ziel ist der spannungsvolle Ausgleich von Kontrasten, der eine Harmonie herstellt.

Materialauswahl und -organisation

Durch das monochrome Material der Fotokopien bekommen die Collagen einen einheitlichen Charakter, auch wenn die Formen stark gebrochen werden. Über das Tonpapier können interessante Kontraste erzeugt werden.

Wenn die Schüler in der Stunde nicht fertig werden, können sie die angefangenen Collagen und Zuschnitte in selbst gebastelten Mappen aus Zeitungsseiten sammeln. In diesem Fall ist es hilfreich, wenn die Schüler ein Foto von der noch unfixierten Collage machen können, um den Arbeitsstand festzuhalten.

Grisaillemalerei auf farbigem Grund

Die Collagen werden auf einen orangefarbenen Tonkarton im DIN-A3-Format ausgedruckt. Durch das Übermalen mit Grauabmischungen aus schwarzer Tusche und Deckweiß wird das Orange zwar überdeckt, schimmert aber weiterhin durch. Das macht die Grautonmalerei sehr lebendig. Schwarze Tusche ist für das Übermalen der Fotokopien sehr gut geeignet. Das Deckweiß sollte eine gute Qualität mit hoher Deckkraft haben.

Symbolismus und Verfremdung

Nachdem die Kubisten die Collage entwickelt hatten, um die traditionelle Bildlogik und -symbolik in der Abstraktion aufzulösen, verwenden zehn Jahre später die Surrealisten dasselbe Verfahren, um erneut symbolische Bilder herzustellen. Dabei nutzen sie genau die Wirkung der Collage, die zur Abstraktion geführt hatte, die Verfremdung. Auch die Surrealisten zerschneiden und kombinieren vorgefundene Bildwelten, setzen sie aber symbolisch neu zusammen. Durch die Verfremdung kann nun die Symbolik des Unbewussten zum Vorschein kommen, stimuliert durch zufällige Kombinationen. Es entsteht dabei eine Symbolik, die stark an die eines Traums erinnert.

Aktivierung des Unbewussten

Sie können die unbewusste und damit spannende Kombination von Bildsymbolen anregen, indem Sie als Lehrer den Herstellungsprozess des Bildes steuern. Ausgangspunkt ist die Realität, symbolisch verdichtet im persönlichen Gegenstand (Federtasche, Schuh usw.).
Zu diesem Gegenstand werden dann in weiteren Phasen entweder symbolisch plakative Elemente (Selbstporträt) oder symbolisch subtile Elemente (Fundstück aus einer Zeitschrift) hinzugefügt. Durch die Herausforderung, die neuen Bildelemente in das bestehende Bild zu integrieren, entstehen Bezüge, die so vorher nicht planbar waren. Daher ist es ganz besonders wichtig, dass die Schüler den nächsten Schritt nicht kennen.

Illustration des Absurden

Um ein System ad absurdum zu führen, muss zunächst etwas von diesem vorliegenden System übernommen werden, z. B. die realistische Bühne oder ein in sich logischer Bildteil der Vorlage. Dieser wird dann mit Unlogik und Widersinn angereichert, behält dabei aber trotzdem seinen Illusionismus. Es entsteht eine in sich geschlossene, alogische Bildrealität, die ihre Spannung daraus zieht, dass etwas als zusammenpassend vorgeführt wird, was gar nicht zusammenpassen kann. Insbesondere die digitale Bearbeitung von Foto- und Filmmaterial ermöglicht eine absurde Einheitlichkeit, die andere Medien so nicht herstellen können.

Drei Komponenten der absurden Inszenierung:

1. Der Raum passt, die Figuren passen, die Handlung passt nicht.
2. Der Raum passt, die Handlung passt, aber die Figuren passen nicht.
3. Die Figuren passen, die Handlung passt, aber der Raum passt nicht.

UNTERRICHTSPROJEKT 1:
Reizbildcollagen (Kl. 7–10)

Absurde Bildeinheiten herstellen

Den Schülern wird ein Bildfragment angeboten, das sie zur Ergänzung und Erweiterung anregen soll. Obwohl gegensätzliche Welten kombiniert werden (die realistisch-logische Figur des Schläfers auf seinem Arbeitstisch von Goya mit der surrealen Monsterwelt, die ihre eigenen Bildgesetze hat) geht es gerade darum, diese in eine Bildeinheit zu bringen, die in sich möglichst weitgehend logisch ist. Diese Bildeinheit kann erzeugt werden, indem einheitliches oder zumindest einheitlich erscheinendes Material verwendet wird.

Während beim Ausgansbeispiel die bereits bestehende surreale Wirkung im Bild mit modernen Mitteln gesteigert wird, entstehen bei den beiden anderen Beispielen für die leichtere und schwierigere Variante komplett absurde Welten. Deutlich wird dabei, dass das Ausgangsbild ein Bildsystem ist, was nicht Wahrheit, sondern Ideologie inszeniert, die kritisch reflektiert werden kann, indem sie ad absurdum geführt wird.

Thema „Albtraum" und „Monster"

Das Reizbild zeigt eine berühmte Figur von Goya, den Schläfer aus der Radierung *El sueño de la razón produce monstruos,* Bild Nr. 43 aus dem Caprichos-Zyklus von 1799. Die Themenaspekte „Albtraum" und „Monster" sind für Schüler attraktiv, da sie in einem festgelegten Themenzusammenhang Angst und Gewalt inszenieren dürfen.

Linie gegen Fläche

In der Zeichnung bauen feine präzise Linien einen Kontrast zu klaren Schwarzflächen auf. Es entsteht ein dramatisches Helldunkel. Die Schüler müssen dabei ein Gefühl dafür entwickeln, wie viel schwarze Flächen das Bild braucht. Die Linien können auf den Schattenseiten der Körper zu breiteren Schwelllinien verstärkt werden.

Theoretische Vorarbeit

1. SCHRITT Analysieren Sie zunächst mit den Schülern die Körpersprache der Figur auf dem Arbeitsblatt. Dazu kann einer der Schüler dieselbe Haltung an einem Tisch einnehmen. Fremd- und Eigenbeobachtungen machen schnell deutlich, dass die Figur in sich zurückgezogen und passiv ist, vielleicht sogar schläft.

2. SCHRITT Eine genauere Betrachtung des Tisches zeigt, dass die Person vorher geschrieben oder gezeichnet hat. Zur näheren Betrachtung der Werkzeuge auf dem Tisch kann das Bild von Chardin *Der Knabe mit dem Kreisel* von 1735 gezeigt werden. Dort ist neben einer Schreibfeder auf dem Tisch ein Kreidehalter in der Schublade zu sehen.

3. SCHRITT Als Nächstes wird die Tischaufschrift übersetzt und diskutiert. Dort ist zu lesen „El sueño de la razón produce monstruos" („Der Schlaf der Vernunft gebiert Ungeheuer"). Die Schüler überlegen sich mögliche Bedeutungen, wobei das Schreiben und Zeichnen mit dem Schlaf der Vernunft in Bezug gesetzt wird. Was hat Zeichnen und Schreiben mit der Vernunft zu tun? Was passiert, wenn nicht mehr gezeichnet und geschrieben wird? Was passiert, wenn die Vernunft eingeschlafen ist?

4. SCHRITT Was kann aufgrund der bisherigen Überlegungen um den Schläfer herum entstehen? Wer tritt auf? Wer übernimmt die Oberhand? Wenn die Schüler an dieser Stelle keine Ideen haben, kann das Traumphänomen angesprochen werden: Welche Träume entstehen, wenn die Vernunft schläft?
Der Bezug auf die Figur legt die Assoziation nahe, dass eher Albträume infrage kommen, die die schlafende Person bedrohen und ihr Angst machen.

5. SCHRITT Nun ist zu klären, wie solche Angstvisionen am besten dargestellt werden können, sodass sie auch technisch zur Radierung Goyas passen. In diesem Zusammenhang könnte man ausgewählte Comicillustrationen (z. B. Frank Millers Sin City) oder Zeichnungen (z. B. Marc Silvestri) zeigen, die komplett auf Linien und schwarzen Flächen aufbauen, um eine brutalisierte Welt darzustellen.

6. SCHRITT Bei der weiteren Recherche lassen sich folgende typische Gestaltungsmerkmale festgehalten:

- Gesichter, die Mischwesen von Mensch und Tier zeigen, z. B. Teufelsfiguren mit Hörnern, Katzenaugen, Krallenfingern usw.
- verzerrte Gesichtszüge, die Bosheit, Gier und andere extreme Emotionen zeigen
- besondere Darstellungen von Zähnen
- Totenköpfe, die Angst vor dem Tod hervorrufen sollen

7. SCHRITT In diesem Zusammenhang muss auch der Bildraum thematisiert werden. Eine Albtraumvision integriert sich nicht logisch in den vorgegebenen Raum, sondern folgt eigenen Bildrealitätsgesetzen (Durchdringung, Schweben, Fragmentierung usw.).
Dies kann an Bildbeispielen zu diesem Unterrichtsprojekt erfolgen.

Differenzierung:

Leichtere Variante: Im Zusatzmaterial finden Sie eine Vorlage mit einem stark reduzierten Renaissanceporträt, das in einen Maschinenkopf verwandelt werden soll. Lassen Sie die Schüler dazu Abbildungen von Maschinenteilen im Internet recherchieren. Die Motive bauen einen interessanten Kontrast auf. Das beseelte, sensible Jünglingsporträt, das dem Menschenbild der Renaissance entspricht und den Betrachter direkt ansieht, steht den leblosen, technischen Maschinenteile gegenüber, die aus dem Jüngling einen Roboter machen. Zur Inspiration finden Sie einige Schülerbeispiele in den Zusatzmaterialien.

Schwierigere Variante: Im Zusatzmaterial befindet sich außerdem eine Vorlage mit einem Fragment aus einem Ludwig-Richter-Holzschnitt, der eine biedermeierliche Familie beim Sonntagsausflug zeigt. Auslöser für die Erweiterung ist der durch das Fernrohr blickende Vater mit der Frage, was dieser wohl sieht. Inhaltlich bietet das Bild einen interessanten Kontrast zwischen dem Vater, der ganz im Sinne der Aufklärung mit seinem Fernglas Dinge heranholt, um sie untersuchen, und dem Leben in seiner nächsten Nähe: Die Tochter flirtet mit einem Verehrer, das Kindermädchen spielt fröhlich mit einem jüngeren Kind und sein kleiner Sohn möchte ihm etwas zeigen.

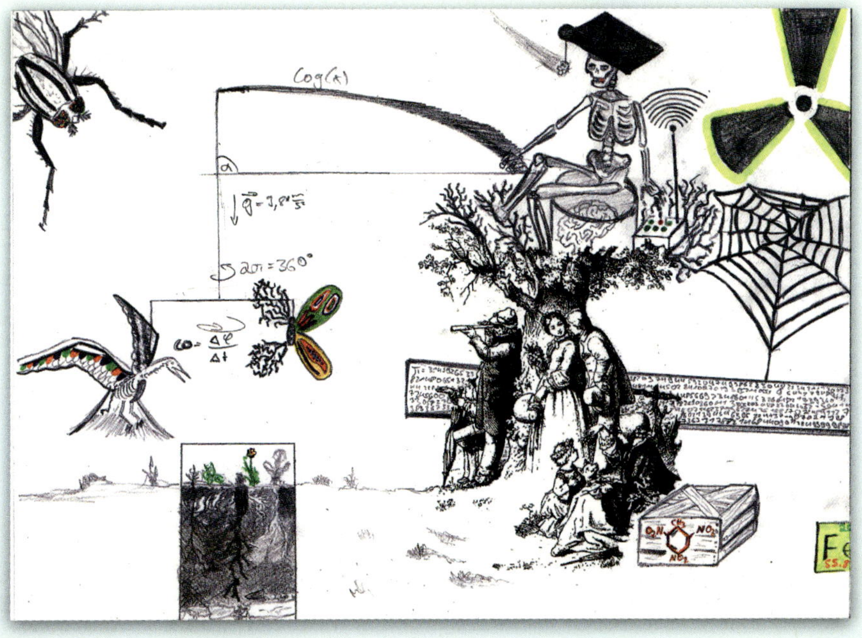

Um die Bildproduktion konkreter anzuregen, können Illustrationen von Pflanzen und Tieren aus dem Biologiebuch herangezogen werden. In Kombination mit dem Motiv steigern diese die romantische Kritik an der Aufklärung ins Monströse. Weitere Schülerbeispiele finden Sie in den Zusatzmaterialien.

UNTERRICHTSPROJEKT 2:
Ein bunter Teller Kekse (Kl. 7–8)

Serielle Anordnung

Gerade für Schüler der Mittelstufe ist die angestrebte Technik des lasierenden, mehrschichtigen Farbaufbaus komplex, da sie bislang in der Regel gezeichnete Formen nur ausgemalt haben. Das serielle Prinzip hilft hier bei der Reduktion, da die Schüler kleine, nicht allzu komplexe Einzelbilder nebeneinander malen. Sie sollten demnach darauf achten, dass sie die Kekse schichtweise aufbauen und nicht einen Keks nach dem anderen vollständig ausmalen.

Aquarellmalerei mit Deckweiß

Die Höhen sollten als Papierweiß stehen gelassen werden. Deckweiß bringt eine andere Materialität und Plastizität und sollte erst dann eingesetzt werden, wenn die Kekse schon ziemlich weit fortgeschritten sind.

Tertiär- bzw. Erdfarben mischen

Zur Erläuterung kann der Farbkreis auf ein Farbdreieck beschränkt werden, das die Mischung von Erdfarben gut nachvollziehbar macht.

Mischt man z. B. die Sekundärfarben Orange und Grün, entsteht Ocker, eine Erdfarbe, die deutlich näher am Graukern des Farbkreises liegt.

Zur Übung können die Schüler im Vorfeld ein solches Farbdreieck mischen, damit sie verstehen, wie die Erdfarbenmischungen entstehen.

Palette: Reine Farben differenzieren eine Poolfarbe

Die Schüler mischen sich aus Grün und Orange oder Violett und Grün eine braune Erdfarbe (Poolfarbe), die sie bei jedem Maldurchgang mit den Buntfarben des Schulfarbkastens leicht abmischen. Wird der Keks zu bunt, kann die betreffende Stelle komplementär überlasiert werden.

Dazu ist es hilfreich, den Begriff der Komplementärfarbe am Farbkreis zu erarbeiten, indem man z. B. einen Farbstreifen mischen lässt. Auf diesen wird an den beiden äußeren Enden jeweils eine Komplementärfarbe (z. B. Blau und Orange) aufgetragen, die zur Mitte hin schrittweise vermischt werden. Am Ende sollte in der Mitte ein Grau entstehen.

Differenzierung:

Leichtere Variante: Die Thematik kann zugespitzt werden, indem man ein Motiv massenhaft darstellt und es über das ganze Bildformat verteilt. Das können Bananen sein, die im gleichen Verfahren gemalt worden sind oder Büroklammern, die dann collagiert werden.
Solche Collagen können auch aus Zeitschriftenmaterial erstellt werden. Dabei ist es sinnvoll, sich auf ein bestimmtes Detail – wie z. B. die Augen – zu konzentrieren, um die Aussagekraft zu verstärken.

Schwierigere Variante 1: Interessant sind auch Pralinen als Motive. Da sie plastischer sind, wäre hier eine parallelperspektivische Darstellung geeignet. Auch die starke Vergrößerung einer Praline auf DIN A3 oder DIN A2 wäre denkbar.

Schwierigere Variante 2: Zum Thema „Kleines Frühstück" kann man die Schüler von Stunde zu Stunde auf einem Querformat jeweils von links nach rechts ein anderes Objekt zeichnen lassen, z. B. ein Brötchen, Weintrauben, ein Messer, eine Tasse usw. Nach hinten wird das Stillleben durch eine Tischkantenlinie so abgegrenzt, dass eine relativ schmale Bühne entsteht. Als Hintergrund werden Musterungen (Tapetenornamente, Holz usw.) gezeichnet. Inhaltlich können dabei anekdotische Elemente eingebaut werden, wie z. B. ein Porträt auf einem Handydisplay usw.
Bilder, die dazu passen, sind die sogenannten Quodlibet-Stillleben z. B. von Cornelis Gijsbrechts.

UNTERRICHTSPROJEKT 3:
Bildprozesse symbolischer Verdichtung (Kl. 7–10)

Einen Körper zeichnen

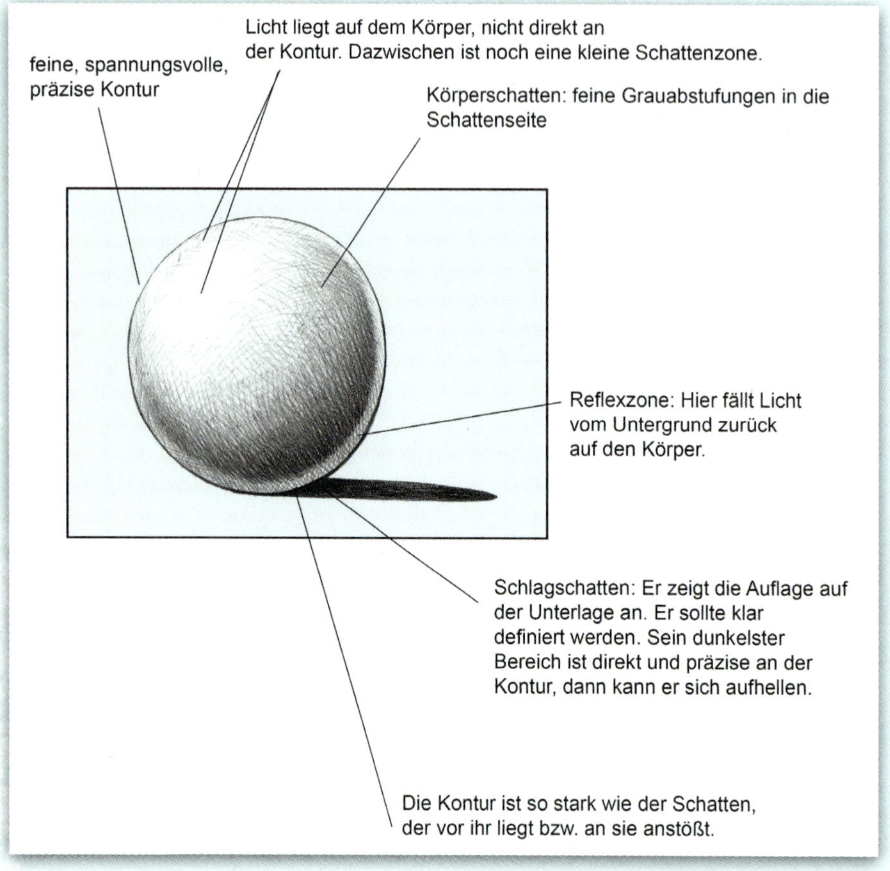

Gegenstände, die aus dem Inneren einer Ellipsoidenform herausragen

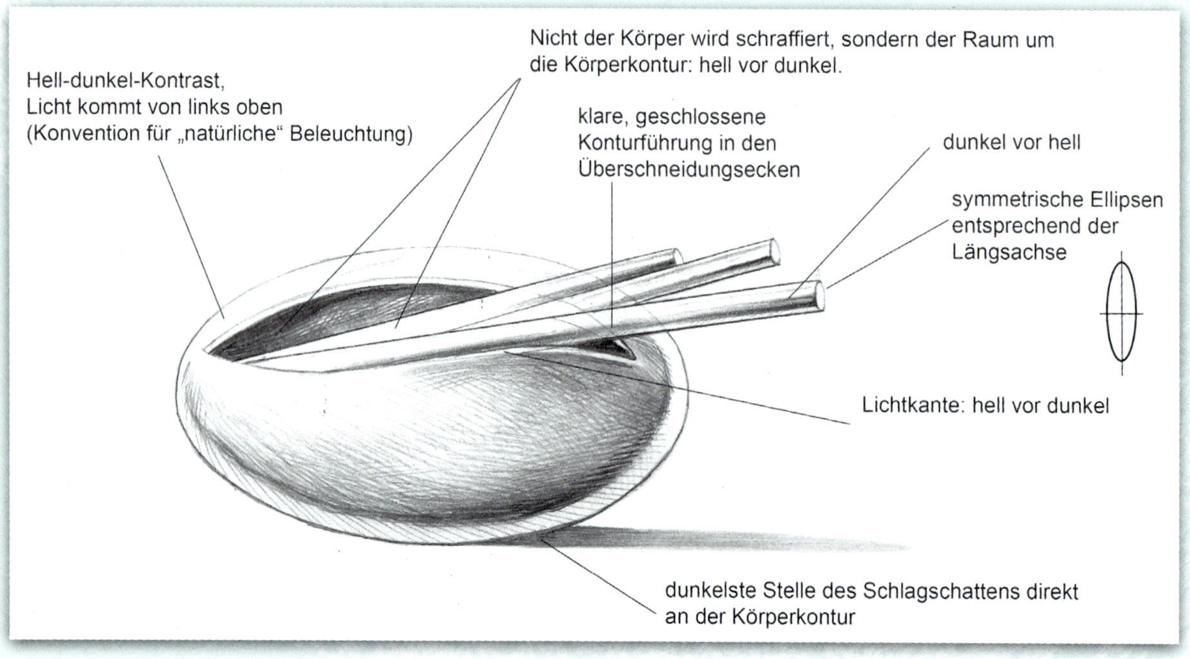

Porträt

Für das Zeichnen eines Porträts ist es zunächst wichtig, sich grundlegende Proportionen und Formbezüge bewusst zu machen.

Die wichtigsten Prinzipien sind:

- Die Augen liegen in der Mitte des Kopfes.
- Ein Auge passt zwischen die Augen.
- Die Nasenflügel liegen mit den Tränendrüsen auf vertikalen Linien.
- Der Abstand zwischen Nasenspitze und Augenbrauen ist die Ohrlänge.
- Der Hals ist kein Eierbecher. Die wesentlichen Muskeln sind die großen Kopfwender, die hinter dem Ohr ansetzen und wie ein Schal zum Schlüsselbein ziehen.
- Oft zeichnen Schüler die Augen zu hoch, weil sie nur das eigentliche Gesicht zeichnen. Stirn und Haare werden kleiner gezeichnet, weil sie weniger Bedeutung haben (Bedeutungsperspektive). Will man einen Realismus erreichen, muss man die innere Bedeutungsperspektive zugunsten einer nach außen gerichteten Beobachtungsperspektive zurückdrängen und sich die Proportionen durch Abmessen klarmachen.

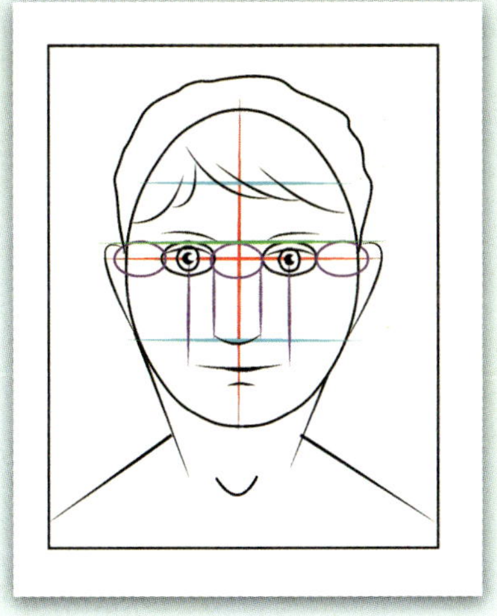

Prozess symbolischer Verdichtung

Die Schüler bekommen erst nach und nach die Motive mitgeteilt. Das erste Motiv, die eigene Federtasche, soll einfach abgezeichnet werden. Sie wird meist ins Bildzentrum gesetzt. Dieses ist dann, wenn das Selbstporträt gezeichnet werden soll, besetzt und die Schüler sind gezwungen, das Gesicht mit der Federtasche in Verbindung zu bringen. Dadurch entsteht ein symbolischer Zusammenhang. Die Federtasche (symbolisch für Arbeit, Schule) schlägt z. B. plötzlich auf den Kopf, verdeckt die Augen, bildet eine Sperre usw. Noch stärker wird die persönliche Symbolik, wenn als Drittes noch ein spontan ausgewähltes Zeitschriftenmotiv hinzugezeichnet wird.

Arbeit mit Transparentpapier

Die Schüler setzen bei dieser Aufgabe in der Regel das erste Motiv in die Mitte des Blattes, solange sie noch nicht wissen, dass zusätzliche Motive hinzukommen werden. Genau darin liegt die Herausforderung. Der Schüler muss spontan entscheiden, wo er das weitere Element platziert und wie er es in Bezug zum Vorhandenen setzt.
Sie können das Integrieren erleichtern, indem Sie den Schülern Transparentpapier von der Rolle ausgeben, mit dem sie ausprobieren können. Es lassen sich damit auch interessante Motivdoppelungen einfügen.
Der Entwurf auf dem Transparentpapier kann anschließend auf das Bild abgepaust werden. Hierzu fixieren die Schüler den Entwurf mit Kreppband auf der Rückseite und zeichnen es am Fenster oder einem anderen, ausreichend hellen Ort durch.

Differenzierung:

Leichtere Variante 1: Schwächere Schüler können die Federtasche geschlossen zeichnen oder auf das Blatt legen und die Umrisse direkt aufzeichnen. Eine weitere Möglichkeit der Vereinfachung ist es, Aufdrucke, Aufschriften, Muster o. Ä. zu nehmen, um die Kontur mit Binnenzeichnung zu füllen. Durch die genaue Beobachtung der Muster kann mit einfachen Mitteln Plastizität geschaffen werden. Die Kombination mit einem präzise beobachteten Schlagschatten bringt einen Hell-dunkel-Kontrast in die Zeichnung.

Leichtere Variante 2: In jeder Unterrichtsstunde wird den Schülern ein Motiv angesagt, das sie innerhalb von 45 Minuten groß auf ein DIN-A2-Blatt zeichnen sollen:

1. ein rechtes Auge nach der Vorlage (siehe Zusatzmaterial)
2. das linke Ohr eines Mitschülers
3. den geöffneten Mund eines Mitschülers mit Zunge und Zähnen
4. den Kragen eines Mitschülers
5. die Frisur nach der Bildvorlage (siehe Zusatzmaterial)
6. das linke Auge eines Mitschülers
7. einen Gegenstand in leichter Vergrößerung, nach der Natur gezeichnet mit Schlagschatten, der die Nase ersetzt
8. die Konturlinie des Kopfes
9. einen beliebigen Text, der den Hintergrund füllt

UNTERRICHTSPROJEKT 4:
Absurde Räume – Ein Treffen mit sich selbst (Kl. 9–10)

Absurde Inszenierung

In vielen Collagen, die mit dem Prinzip der absurden Inszenierung arbeiten, gibt es einen Raum, der eine in sich logische, völlig alltägliche Bühne darstellt. In diesem Raum befinden sich Figuren oder Dinge, die sich zwar der Raumlogik unterwerfen, aber ansonsten völlig widersinnig sind. Im folgenden Beispiel einer Fotomontage tritt eine Person auf, die logisch in den Raum passt, aber mit allen anderen Personen in diesem Raum identisch ist. Dadurch wird die Szene absurd.

Situation

Obwohl die Schüler an einem Ort immer dieselbe Person fotografieren, interagieren auf dem Bild viele Personen miteinander. Wenn Personen an einem Ort handeln, entsteht eine Situation, die gestaltet werden kann.

Zunächst können die Schüler die Methode frei ausprobieren und sich an einem beliebigen Ort in verschiedenen Positionen fotografieren. Dadurch bekommen sie Ideen, welche Handlung in der Situation dargestellt werden könnte, z. B. ein Streit mit sich selbst, verliebt sein in sich selbst, mit sich selbst als eifersüchtigem Zuschauer, eine frohe Runde mit sich selbst usw.

Ist die Handlung klar, stellt sich die Frage, wo sie stattfindet. Dabei ist zu beachten, dass gerade der Ort die notwendige Logik herstellt und zur Situation passen sollte.

Illusionismus

Wenn Collagen mit Schere und Klebestift bearbeitet werden, weisen sie Brüche auf, selbst wenn das Material ganz einheitlich ist. Durch die mangelnde Perfektion wird die Illusion wieder durchschaubar. Das Absurde steigert sich also, wenn die Bildillusion perfekt ist. Das ist bei den Fotomontagen dank relativ simpler digitaler Bildbearbeitung möglich.

Allgemeine Gestaltungsmittel der Inszenierung

Vordergrund, Mittelgrund, Hintergrund: Für eine gute Raumstaffelung nach hinten sollten Figuren sowohl im vorderen Bereich, aber auch im Hintergrund sein. Besonders Figuren die vorne stehen, geben typische Repoussoirfiguren ab und schaffen eine Proportionsvorgabe für kleinere Hintergrundfiguren.

Einstellungsgröße

Die Kamera erfasst einen bestimmten Ausschnitt des Handlungsortes. Dabei wird in den meisten Fällen die Totale oder die Halbtotale zum Einsatz kommen.

Perspektive

Je nachdem, ob die Kamera aus der Vogel- oder Froschperspektive auf die Szene blickt, bekommt der Betrachter ein Gefühl von Macht oder Unterlegenheit. In der Vogelperspektive hat er den Überblick über den Ort und ihn so unter Kontrolle. Wenn er deutlich auf die Figuren herabblickt, ist das die Perspektive des Komischen. Er ist den Figuren überlegen und kann über sie lachen.

In der Froschperspektive ist der Betrachter unterlegen. Er hat keinen Überblick, sondern befindet sich mitten in der Szene. Wird dies mit Hindernissen kombiniert, zwischen denen der Betrachter hindurchschauen muss, wird die Szene bedrohlich und einengend.

Eye-Matching

Die Figuren sehen sich an, wodurch sie vielfältige narrative Bezüge zueinander aufbauen. Schauen Figuren aus dem Bild heraus den Betrachter an, durchbrechen sie die „vierte Wand", d. h. die Illusion einer geschlossenen, logischen, aber eben anderen Welt geht verloren. Stattdessen bauen sie einen Bezug zum Betrachter auf und kommunizieren direkt mit ihm.

Körpersprache

Figuren können eher distanziert, cool oder auch grotesk auftreten. Interessant ist auch die Rückenfigur, die dem Betrachter eine neutrale Identifikationsfigur anbietet.

Bildverarbeitung mit Gimp

Zum Arbeiten mit Gimp finden Sie im Zusatzmaterial eine Anleitungsreihe, welche die benötigten Schritte für die Fotomontage erläutert. Die Schüler können damit evtl. bestehende Hemmungen vor der relativ simplen Technik abbauen und erkennen ihr Potenzial.

Differenzierung:

Leichtere Variante: Der Schüler erstellt ein Foto von sich, auf dem er im leeren Klassenraum an seinem Platz sitzt und druckt es im DIN-A4-Format aus. Dann sucht er passende Figuren und Elemente aus Zeitschriften heraus, die proportional in den Raum passen und klebt diese auf das Foto auf. Ein kleiner Tipp: Auch vor dem Fenster kann sich einiges abspielen.

Schwierigere Variante 1 (Gruppenarbeit): Prinzip: Die Personen passen zum Ort, handeln aber widersinnig. Drucken Sie zur Vorbereitung DIN-A5-Bilder mit Figureninszenierungen aus der Renaissance und dem Barock aus (z. B. eine Pieta, das letzte Abendmahl von Leonardo, Rembrandts Anatomievorlesung des Dr. Tulp, die Berufung des hl. Matthäus von Caravaggio usw.). Ein Schüler aus der Gruppe zieht verdeckt eines der Bilder. Die Abbildung soll nun so perfekt wie möglich nachinszeniert werden. Das Absurde kann gesteigert werden, indem der Ort zwar zu den Figuren passt, ihre Handlungsgesten aber völlig entgegengesetzt sind (z. B. eine Pieta in der U-Bahn, das letzte Abendmahl in der Schulmensa usw.). Diese Variante kommt ohne Bildbearbeitung aus, stellt aber Anforderungen an die Personenfotografie.

Schwierigere Variante 2 (Gruppenarbeit): Prinzip: Passende Personen handeln der Situation entsprechend angemessen, aber der Ort ist widersinnig. Die Schüler sitzen an ihren Tischen, der Lehrer steht am Overheadprojektor, alle zusammen aber befinden sich auf einem verschneiten Feld, auf der Landebahn eines Flughafens usw. Bei dieser Variante kommt die Bildbearbeitung zum Einsatz.

Literaturverzeichnis

Blahak, Gerlinde: Papiercollagen im Kunstunterricht (Klasse 5–10), Augsburg: Auer Verlag, 2012.

Enders, Marielle: Collagen – it's me! Kreativspielräume entdecken, Freiburg: Englisch Verlag, 2014.

Galkina, Anna: Collagen, Techniken, Materialien, Bilder, Freiburg: Christophorus Verlag, 2010.

Gillon, J. R., Edmund V.: Picture Sourcebook for Collage and Decoupage, New York: Dover Publications, 1974.

Jahns, Astrid: Collagen Klasse 5+6, Kempen: BVK GmbH, 2008.

Schmidt, Ute u.a.: Das große Buch der Collage, Dortmund: artwerk Verlag, 2007.

Shay, Bee: Collagen-Lab, experimentelle Forschungsprojekte und kreative Übungen, Igling: Edition Michael Fischer, 2014.

Snyder, Blake: Save the cat!: the last book on screenwriting you'll ever need, L. A.: Michael Wiese Productions, 2005.

Jederzeit optimal vorbereitet in den Unterricht?

»